No caminho com Jesus

Catecumenato Eucarístico

Dados Internacionais de Catalogação na Publicação (CIP)
(Câmara Brasileira do Livro, SP, Brasil)

No caminho com Jesus : Catecumenato Eucarístico :
volume 4 : catequista / organização de Ir. Angela Soldera,
Pe. Rodrigo Favero Celeste. – 1. ed. – Petrópolis, RJ : Vozes,
2023. – (Coleção no Caminho com Jesus)

ISBN 978-65-5713-907-3

1. Catecumenato 2. Catequese – Igreja Católica
3. Cristianismo 4. Eucaristia (Liturgia) 5. Ritos de iniciação
I. Soldera, Ir. Angela. II. Celeste, Pe. Rodrigo Favero.
III. Série.

23-158430   CDD-268.82

Índices para catálogo sistemático:
1. Catecumenato : Iniciação cristã : Igreja Católica
268.82
Eliane de Freitas Leite – Bibliotecária – CRB 8/8415

Arquidiocese de Londrina

Ir. Angela Soldera
Pe. Rodrigo Favero Celeste
(Organizadores)

No caminho com Jesus
Catecumenato Eucarístico

Volume 4 – Catequista

Equipe de elaboradores

Aparecida Peixoto da Silva
Belmira Apparecida da Silva de Souza
Valéria Queiróz Pereira
Ir. Luciana de Almeida
Maria Nilza Rodrigues Mattos
Vitor Henrique dos Santos
Ir. Angela Soldera

EDITORA
VOZES

Petrópolis

© 2023, Editora Vozes Ltda.
Rua Frei Luís, 100
25689-900 Petrópolis, RJ
www.vozes.com.br
Brasil

Editoração: Clauzemir Makximovitz
Diagramação: Victor Mauricio Bello
Revisão gráfica: Jhary Artiolli
Capa: Editora Vozes

ISBN 978-65-5713-907-3

Este livro foi composto e impresso pela Editora Vozes Ltda.

SUMÁRIO

Apresentação, 8

Lista de abreviaturas, 9

Glossário, 10

O itinerário, 12

Metas a serem alcançadas ao longo do itinerário com inspiração catecumenal, 14

Orientações práticas no desenvolvimento do processo de Iniciação à Vida Cristã com inspiração catecumenal, 15

Para o bom andamento do itinerário, 17

A conversão, 17

O introdutor, 18

Leitura orante da Bíblia, 19

2° TEMPO - CATECUMENATO (CONTINUAÇÃO)

1° Encontro: Somos um grupo que se fortalece no caminho, **22**

2° Encontro: O Reino de Deus está no meio de nós, **26**

3° Encontro: Jesus tem compaixão pelos que sofrem, **29**

4° Encontro: Nem eu te condeno, **33**

5° Encontro: Povo de Deus, povo da Aliança, **37**

6° Encontro: O mal nos afasta de Deus, **41**

7° Encontro: Vocação e missão de Moisés: libertar o povo de Israel, **45**

8° Encontro: Os profetas anunciadores da verdade e da justiça, **49**

9° Encontro: A Igreja, corpo de Cristo, **53**

10° Encontro: A vida e o testemunho da primeira comunidade-Igreja, **57**

11° Encontro: Sacramento do Serviço: Matrimônio e Ordem, **61**

12° Encontro: Sacramento da Cura: Unção dos Enfermos, **65**

13° Encontro: A missa, participação no banquete de Deus, sacrifício de Cristo, **69**

14° Encontro: A mesa da Palavra, **73**

15° Encontro: Maria, a Imaculada Conceição, **77**
Retiro e oração: Tempo do Advento, **81**

3° TEMPO – PURIFICAÇÃO E ILUMINAÇÃO: TEMPO QUARESMAL

16° Encontro: Quaresma e Campanha da Fraternidade:
tempo de fazer escolhas, **84**

17° Encontro: Jesus, água viva que sacia nossa sede, **88**

18° Encontro: Jesus, luz que ilumina nossa vida, **92**

19° Encontro: Jesus é vida que vence a morte, **95**

20° Encontro: Eucaristia: vida doada, vida de comunhão com
Deus e os irmãos, **99**

21° Encontro: Nossa participação na Páscoa de Jesus:
a Igreja vive e se alimenta da Eucaristia, **103**

22° Encontro: Eucaristia: ceia do Senhor, **107**

23° Encontro: O Espírito Santo continua a vida de Jesus em nós, **111**

4° TEMPO – MISTAGOGIA

24° Encontro: Iniciados na fé, somos fortes nas adversidades, **116**

25° Encontro: Iniciados na fé, somos jovens cristãos, comprometidos
com o anúncio do Reino de Deus, **120**

26° Encontro: Iniciados na fé cristã, anunciamos Jesus, **124**

27° Encontro: Dar da nossa pobreza, **128**

28° Encontro: Orientação vocacional e profissional, **132**

29° Encontro: Meu projeto de vida, **137**

30° Encontro: Iniciados na fé, somos comprometidos com a
comunidade-Igreja, **141**

ANEXOS

1 Com o(a) santo(a) padroeiro(a), a Deus, louvação, **146**

2 Preparando o Sacramento da Reconciliação, **150**

3 Celebrações de purificação, **153**
    3.1 – Primeiro escrutínio: a água e o Espírito, **153**
    3.2 – Segundo escrutínio: Cristo, luz da fé, **156**
    3.3 – Terceiro escrutínio: morte e vida, **158**

4 Ano de experiência pastoral: catecumenato eucarístico, **160**

5 Entrega dos nomes no CPP/CPC, **162**

6 Celebração de acolhida, **164**

7 Rito de acolhida na reunião, **166**

8 Avaliações, **168**

9 Portfólio, **170**

10 Envio ao fim do ano de experiência pastoral, **171**

11 Celebração de envio: enviados a sermos discípulos missionários, **173**

12 As principais orações do cristão, **175**

13 O que é importante você conhecer, **179**

Referências, **181**

APRESENTAÇÃO

A vida cristã é um novo viver, que requer um processo de passos de aproximação, mediante os quais a pessoa aprende e se deixa envolver pelo mistério amoroso do Pai, pelo Filho, no Santo Espírito. Ela desperta para novas relações e ações, transformando a vida no campo pessoal, comunitário e social. Essa verdadeira transformação se expressa por meio de símbolos, ritos, celebrações, tempos e etapas (cf. Doc. 107, n. 5).

Eis o quarto livro da Iniciação à Vida Cristã, da Arquidiocese de Londrina. Quer ser a continuidade de um processo catequético que visa formar verdadeiros discípulos, seguidores de Jesus Cristo. É, mais uma vez, um misto de textos bíblicos, reflexões, estudos da tradição da Igreja. Em síntese, um modelo de mistagogia que leva sempre mais profundamente a contemplar o mistério pascal de nosso Senhor.

Considerando que este ano é a culminância do processo de Iniciação à Vida Cristã, propomos um tempo de experiência pastoral oferecendo um conhecimento concreto da vida dos agentes de pastoral no desempenho de sua missão específica. Desejamos que o iniciando desperte a paixão pela vida cotidiana da Igreja na comunidade, gerando espírito de pertença na sua Igreja. O espírito bíblico que nos inspira são os versículos de Jo 1,35-42: "Vinde e vede".

Esperamos e torcemos que, pouco a pouco, a metodologia seja bem compreendida, levada a sério e produza abundantes frutos, especialmente porque é a etapa em que se reflete sobre o mistério da Eucaristia, alimento da fé. Ela é explorada em diversos sentidos, objetivando formar bons cristãos, bem situados na comunidade de fé, chamada a ser missionária.

Agradecemos de coração a toda a equipe de trabalho da Coordenação Arquidiocesana de Catequese. Rogamos que os frutos não demorem a aparecer para o bem de cada pessoa, das comunidades cristãs e da sociedade como um todo, que só se beneficia com bons cristãos atuando em todas as áreas que a compõem. Deus seja louvado por mais este trabalho recheado de sinais de fidelidade a Deus, à Igreja e à bela tradição catequética da Arquidiocese de Londrina.

Dom Geremias Steinmetz
Arcebispo Metropolitano de Londrina

LISTA DE ABREVIATURAS

ChL – Exortação apostólica pós-sinodal *Christifideles Laici*: sobre os leigos

ClgC – Catecismo da Igreja Católica

CV – Exortação apostólica pós-sinodal *Chistus Vivit*: aos jovens e a todo o povo de Deus

DAp – Documento de Aparecida

DGC – Diretório Geral para a Catequese

Doc 43 – Documento 43 da CNBB – Animação da vida litúrgica no Brasil

Doc 105 – Documento 105 da CNBB – Cristãos leigos e leigas na Igreja e na sociedade

Doc 106 – Documento 106 da CNBB – Dízimo na comunidade de fé, orientações e propostas

Doc 107 – Documento 107 da CNBB – Iniciação à Vida Cristã: itinerário para formar discípulos missionários

EE – Carta encíclica *Ecclesia de Eucharistia*: sobre a Eucaristia na sua relação com a Igreja

EN – Exortação apostólica *Evangelli Nuntiandi*: sobre a evangelização no mundo contemporâneo

EG – Exortação apostólica *Evangelii Gaudium*: sobre o anúncio do Evangelho no mundo atual

EV – Carta encíclica *Evangelium Vitae*: sobre o valor e a inviolabilidade da vida humana

GeE – Exortação apostólica *Gaudete et Exsultate*: sobre o chamado à santidade no mundo atual

FT – Carta encíclica *Fratelli Tutti*: sobre a fraternidade e a amizade social

IGMR – Instrução Geral do Missal Romano

LG – Constituição dogmática *Lumen Gentium*: sobre a Igreja

SCa – Exortação pós-sinodal: *Sacramentum Caritatis*: sobre a Eucaristia, fonte e ápice da vida e da missão da Igreja

VD – Exortação apostólica pós-sinodal *Verbum Domini*: sobre a Palavra de Deus na vida e na missão da Igreja

Catecumenato: é um tempo prolongado durante o qual os candidatos recebem formação cristã e aprendem a moldar sua vida segundo os ensinamentos cristãos. Com esses auxílios, as disposições de espírito que se manifestaram ao início desse tempo atingem a maturidade.

Catecúmenos: são os que recebem instrução preliminar em doutrina e moral, no processo de preparação para o Batismo.

Catequizandos: são os já batizados e que continuam o processo para formação em vista de completar o processo do itinerário da vida cristã.

Cristã: chamados à vida pelo Pai, somos vocacionados, isto é, chamados à vida cristã. Pelos Sacramentos do Batismo e da Crisma, nosso Senhor Jesus Cristo nos concede a filiação divina e a oportunidade de sermos seus seguidores, para nos tornarmos anunciadores da boa-nova da Salvação. Somos impulsionados pela força do Espírito Santo, procedente do Pai e do Filho, que nos faz agir pela caridade generosa na Igreja, mãe e mestra. Cristã não é apenas um adjetivo, mas indica nossa essência filial.

Escrutínios: são orações e celebrações realizadas no caminho catecumenal. Têm a finalidade de aperfeiçoar o caminho da vida cristã, fortalecendo o coração dos eleitos, curar o que ainda está fraco e precisa mudar, e fortalecer e consolidar o que está bem. Estas celebrações acontecem normalmente no terceiro, quarto e quinto domingos da Quaresma.

Iniciação: uma realidade profundamente humana e necessária é a iniciação. Dificilmente alguém se *"autoinicia"*, mas somos sempre conduzidos por outros para dentro de uma realidade desconhecida (*in-ire*).

Itinerário: palavra que indica caminho a ser percorrido ao longo de um processo bem determinado com início, meio e finalidade.

Mistagogia: é o tempo destinado a aprofundar mais o mistério pascal, procurando traduzi-lo cada vez mais na vida, pela meditação do Evangelho, pela participação na Eucaristia e pelo exercício da caridade. Este é o último tempo da iniciação, isto é, o tempo da "mistagogia" dos neófitos. Os neófitos foram renovados no seu espírito, saborearam as íntimas delícias da Palavra de Deus, entraram em comunhão com o Espírito Santo e descobriram como o Senhor é bom.

Neófito: o recém-batizado é chamado de neófito (planta nova), banhado em Cristo torna-se nova criatura.

Purificação e iluminação: o tempo da purificação e iluminação dos catecúmenos coincide, habitualmente, com a Quaresma. Tanto na liturgia como na catequese, pela recordação ou pela preparação do Batismo e pela Penitência, é um tempo de renovação na comunidade dos fiéis, juntamente aos catecúmenos, e que os dispõe para celebrar o mistério pascal, ao qual são associados pelos sacramentos da iniciação cristã.

É um tempo destinado a preparar de maneira mais intensiva o espírito e o coração dos candidatos. Neste degrau, é feita pela Igreja a "eleição" ou escolha e admissão daqueles catecúmenos que, pelas suas disposições, mostram-se em condições para, na próxima celebração, tomarem parte nos sacramentos da iniciação. Chama-se "eleição" porque a admissão feita pela Igreja se fundamenta na eleição de Deus, em nome de quem ela atua; chama-se "inscrição do nome" porque os candidatos escrevem o seu nome no livro dos "eleitos", como penhor de fidelidade.

Querigma: é o tempo em que se faz a primeira evangelização, no qual é anunciado, com firmeza e constância, o Deus vivo e aquele que Ele enviou para a salvação de todos, Jesus Cristo. O objetivo deste tempo é fazer com que os não cristãos, movidos pelo Espírito Santo, que lhes abre o coração, abracem a fé e se convertam ao Senhor, como também que façam sua adesão sincera àquele que – sendo o caminho, a verdade e a vida – é capaz de satisfazer todos os seus anseios espirituais e até de infinitamente os superar.

Rito: é um conjunto de ações simbólicas, de gestos, normalmente de caráter repetitivo. O rito é como uma ação simbólica (ou um conjunto de ações simbólicas) repetida com regularidade.

Vida: somos conduzidos do nada à existência pela benevolência criadora de nosso Pai que está nos céus. Nossa primeira vocação é a vida, de ser pessoa humana integral: corpo, alma e espírito.

A Iniciação à Vida Cristã de inspiração catecumenal, conforme nos pede a Igreja, é um processo, um itinerário de transmissão da fé. Sob a inspiração do Ritual de Iniciação Cristã de Adultos (RICA), é possível propor um itinerário que avance por etapas e tempos sucessivos, garantindo que a iniciação de adultos, jovens e crianças se processe gradativamente na comunidade (Doc 107, n. 139). Esse itinerário deverá ser mistagógico, favorecendo a experiência do encontro pessoal com Jesus Cristo, sendo capaz de, aos poucos, transformá-los em discípulos e discípulas missionários em vista do Reino de Deus.

O grande desafio que se apresenta para a formação cristã e a finalidade da catequese de Iniciação à Vida Cristã é:

> oferecer uma catequese que leve o catequizando a conhecer, acolher, celebrar e vivenciar o mistério de Deus, manifestado na pessoa de Jesus, que nos revela o Pai, nos envia o Espírito Santo e nos faz participar de sua missão (cf. DGC, n. 80-81).

Para responder aos desafios da evangelização, principalmente na transmissão da fé cristã, é fundamental ter um projeto diocesano de Iniciação à Vida Cristã (cf. Doc. 107, n. 138).

Nessa perspectiva, a concretização deste itinerário tem como objetivo favorecer o caminho pedagógico e mistagógico no processo de educação na fé, a partir da experiência realizada na Arquidiocese de Londrina. Assim, a proposta que apresentamos segue os quatro tempos: pré-catecumenato, catecumenato, purificação e iluminação, e mistagogia, a serem desenvolvidos ao longo de quatro anos, no mínimo. Nessa proposta, o início do ano catequético ocorre no mês de agosto, seguindo até a primeira quinzena de julho do ano seguinte. Isso possibilitará que se vivencie, com maior intensidade, os tempos fortes do Ano Litúrgico (Advento e Natal – Quaresma e Páscoa).

O catecumenato nos legou um vocabulário e uma herança que, na Iniciação à Vida Cristã, refere-se aos tempos indispensáveis para que aconteça uma verdadeira introdução ao mistério de Cristo. Esses tempos recebem as seguintes denominações:

1. **Pré-catecumenato ou querigma**, cujo objetivo consiste no primeiro anúncio e no despertar da fé: é o tempo da evangelização, e toda a comunidade deve se comprometer nesse tempo.
2. **O catecumenato** ocorre quando a comunidade, por meio dos catequistas e introdutores, propõe o aprofundamento do primeiro anúncio com os conteúdos do Creio e da Sagrada Escritura, via leitura orante da Bíblia. É o tempo da catequese.
3. **Purificação e iluminação** no tempo da Quaresma, como um grande retiro de preparação para a celebração dos sacramentos: na Vigília Pascal.

4. A mistagogia acontece no Tempo Pascal e após a celebração dos sacramentos, para adentrar com mais profundidade o mistério sacramental, a finalidade de todo o caminho realizado é o envio em Pentecostes para o tempo do serviço e da missão.

Aprofundando os últimos documentos da Igreja com relação à Iniciação à Vida Cristã com inspiração catecumenal, deparamo-nos com a urgência de retomar a unidade dos sacramentos da iniciação cristã. Essa unidade

> se desenvolve dentro do dinamismo trinitário: os três sacramentos da Iniciação, numa unidade indissolúvel, expressam a unidade da obra trinitária na iniciação cristã: no Batismo assumimos a condição de filhos do Pai, a Crisma nos unge com unção do Espírito e a Eucaristia nos alimenta com o próprio Cristo, o Filho (Doc 107, n. 91).

Por isso, a proposta desse itinerário se realiza a partir da ordem original dos Sacramentos Batismo – Crisma – Eucaristia, como culminância do processo, conforme já advertia Bento XVI sobre o desafio que implica conduzir melhor os fiéis, colocando a Eucaristia como centro sacramental para o qual se conduz todo o percurso da iniciação (SCa, n. 18).

O fundamental dessa opção é levar a pessoa a um contato vivo e pessoal com Jesus Cristo, fazendo-a mergulhar (= Batismo) nas riquezas do Evangelho, assumindo a leitura orante da Bíblia, e iniciá-la, verdadeira e eficazmente, na vida da comunidade cristã, fazendo-a experimentar o bem de participar da vida divina concedido pelos sacramentos da iniciação cristã: Batismo – Crisma – Eucaristia. Esse processo considera que "Para participar do mistério de Cristo Jesus é preciso passar por uma experiência impactante de transformação pessoal e deixar-se envolver pela ação do Espírito" (Estudos da CNBB 97, n. 41).

Iniciação à Vida Cristã de inspiração catecumenal: desde a instituição da Igreja no mundo, Jesus nunca deixou de estar conosco na tarefa de proclamar o Evangelho a todas as nações, como Ele mesmo garantiu (Mt 28,20). O "envio" (= Apóstolo) é o cerne do chamado do Filho de Deus a nós e, para tal, não existe fé isolada nem cristão egoísta. A fé deve ser doada na missão, a vida é missionária. Desde os primórdios de nossa fé, a maior incumbência dos discípulos de Cristo é despertar outros e iniciá-los na vida cristã. Assim, nos primeiros séculos, é desenvolvido o catecumenato do qual, em nosso tempo, queremos recuperar a metodologia.

Na verdade, a finalidade desse processo de inspiração catecumenal não está assentada em uma simples preparação para receber os sacramentos, mas sim numa consistente iniciação em que os interlocutores devem receber um tratamento de verdadeiros discípulos. Esses deverão se tornar outros "mestres", ou seja, guiados que serão também guias, testemunhas da fé. O sacramento é a consequência de uma fé assumida.

Todo esse processo é experimentado por meio de ritos e celebrações que marcam a passagem das etapas e dos tempos. Nesse sentido, o Ano Litúrgico, desenvolvido a partir do catecumenato, é instrumento fundamental e um caminho pedagógico e mistagógico capaz de fazer o iniciante celebrar a fé que está conhecendo, estabelecendo relacionamento íntimo com a Trindade Santa que, aos poucos, revela-se em sua história, doando-lhe a vida nova da Graça. Liturgia e catequese devem caminhar unidas na vida da comunidade, pois as duas têm a mesma base: a fé.

O processo de Iniciação à Vida Cristã não pode renunciar à sua tarefa de levar os seus interlocutores a uma participação intensa na dimensão mística, celebrativa, mediada pela catequese e pela comunidade. Sem uma catequese e uma comunidade viva e acolhedora, a educação da fé se tornará frágil.

Ademais, que este material sirva para levar à frente os objetivos e a meta a que se propõe: formar discípulos e discípulas de Jesus, cristãos autênticos e comprometidos com o anúncio de Jesus e do seu Evangelho.

METAS A SEREM ALCANÇADAS AO LONGO DO ITINERÁRIO COM INSPIRAÇÃO CATECUMENAL

Primeira meta

A primeira meta que buscamos alcançar é a de conhecer quem é Jesus. É anunciar o querigma, o primeiro anúncio. Ligado às celebrações litúrgicas, o catequista deverá ajudar o catequizando, apresentando a pessoa de Jesus, sua infância e os acontecimentos primeiros que manifestam quem Ele é, seu projeto de vida e sua missão. Mostrar que somos pessoas queridas e amadas por Deus. A grande pergunta a ser respondida neste percurso é: quem é Jesus? A resposta deverá levar os catequizandos a compreenderem que somos chamados por Ele para formarmos o grupo dos amigos de Jesus, permanecer com Ele e querer conhecê-lo mais.

Segunda meta

Nesta segunda meta, propomo-nos a prosseguir aprofundando sobre quem é Jesus, destacando, de modo especial, seus gestos, sinais e atitudes em favor da vida para todos, especialmente os menos favorecidos. O catequista ajudará o catequizando a se dar conta de que, no caminho de Iniciação à Vida Cristã, os já nascidos para uma vida nova no Batismo serão agora fortificados pelo Sacramento da Confirmação, crescendo no fortalecimento da fé cristã. Neste tempo, procuramos também comprometer os pais, os padrinhos do Batismo e/ou os introdutores (acompanhantes) a juntos fazerem o caminho de Iniciação à Vida Cristã. Nesta meta serão intensificados os momentos celebrativos, as bênçãos e os escrutínios próprios para este tempo de purificação e iluminação como preparação próxima ao Sacramento da Crisma.

Batismo dos catecúmenos: propõe-se que o Batismo dos catecúmenos (não batizados) se realize na Vigília Pascal do segundo ano de catequese crismal, para depois, com o grupo, celebrar o Sacramento da Crisma. Caso isso não seja possível, é recomendável que o Batismo se realize após a entrega do Símbolo dos Apóstolos (Creio), antes do Natal.

Terceira meta

A continuidade do itinerário de Iniciação à Vida Cristã com inspiração catecumenal irá oferecer aos já batizados e confirmados um caminho de busca do discipulado e do ponto alto da iniciação cristã, a Eucaristia. Para isso a proposta consiste em favorecer aos catequizandos viver mistagogicamente a experiência comunitária, participando das celebrações do mistério pascal ao longo do Ano Litúrgico, de modo que possa sentir-se chamado a viver mais intensamente na intimidade com Jesus, buscando crescer nas atitudes cristãs, na família, na comunidade e na sociedade.

Quarta meta

A Eucaristia é a consumação da iniciação cristã, pois o batizado, incorporado à comunidade eclesial, reproduz o único sacrifício, que é o seu. Nesta meta, prosseguimos no itinerário a que nos propusemos, agora com a força especial do Espírito para cumprir a missão profética no meio do mundo, para edificar em unidade a Igreja, Corpo de Cristo, e defender a verdade do Evangelho nas diversas situações da vida. Por isso, o catequizando batizado participa da Liturgia Eucarística e oferece a sua vida ao Pai associada ao sacrifício de Cristo. É o Cristo inteiro, cabeça e membros, que se oferece pela salvação da humanidade. A Eucaristia culmina a configuração a Cristo: a participação repetida de toda a comunidade no mistério pascal e a incorporação na Igreja, cada vez mais perfeita e total; buscará uma gradativa inserção na comunidade, nos diferentes serviços e ministérios, vivendo plenamente em comunhão de vida, na partilha, no serviço comunitário.

ORIENTAÇÕES PRÁTICAS NO DESENVOLVIMENTO DO PROCESSO DE INICIAÇÃO À VIDA CRISTÃ COM INSPIRAÇÃO CATECUMENAL

1. **Reinscrição:** é importante que, antes de concluir o primeiro ano, portanto, fim de junho ou início de julho, cada um(a) manifeste o desejo de continuar no caminho. Por isso, o catequista ou a coordenação da catequese faz a reinscrição de cada catequizando para dar continuidade no segundo ano, segunda etapa do catecumenato crismal.
2. **Início do ano catequético:** na primeira semana do mês de agosto, retoma-se o caminho dos encontros de catequese, dando continuidade ao catecumenato crismal, que seguirá até a primeira quinzena de dezembro.

3. **Organização dos grupos:** importante cuidar para que os grupos não tenham número superior a 12 participantes. Isso possibilita que o encontro catequético seja mais vivencial, orante e tenha uma relação mais próxima com cada catequizando.
4. **Visitas às famílias:** os catequistas poderão, ao longo do ano, continuar com as visitas às famílias, para maior conhecimento da realidade e estreitar laços. Essas visitas feitas na gratuidade, com conversas informais, fazem bem para o catequista e para a família.
5. **Encontros para formação:** é importante pensar uma programação para encontros destinados à formação com os pais em pequenos grupos, favorecendo uma experiência orante. Considerar que os encontros sejam com a leitura orante da Palavra de Deus e possam fortalecer o sentido de participação e envolvimento no processo catequético (podem ser trabalhados os próprios encontros de catequese propostos aos catequizandos).
6. **O Retorno do recesso:** acontecerá a partir da celebração da Quarta-Feira de Cinzas do ano seguinte. Aqui se dará início ao terceiro tempo, com a celebração da eleição no primeiro domingo da Quaresma e a preparação próxima ao Sacramento da Crisma. Neste terceiro tempo são realizados os escrutínios: no terceiro, quarto e quinto domingos da Quaresma.
7. **No Período Pascal:** será celebrado o Sacramento da Crisma e se viverá o quarto tempo, a mistagogia.

CATECUMENATO CRISMAL

2 ANOS
- ✓ **1º TEMPO:** Pré-catecumenato = Primeiro anúncio, querigma
- ✓ **2º TEMPO:** Catecumenato = Tempo mais longo de catequese
- ✓ **3º TEMPO:** Purificação e iluminação = Quaresma
- ✓ **4º TEMPO:** Mistagogia = Aprofundar o sacramento recebido
- ✓ **RECESSO** (Pausa)

1º ANO

AGOSTO	SETEMBRO	OUTUBRO	NOVEMBRO	DEZEMBRO	JANEIRO
Início do ano catequético				1ª Quinzena / Recesso (2ª Quinzena)	Recesso

FEVEREIRO	MARÇO	ABRIL	MAIO	JUNHO	JULHO
Recesso / Retorno: 4ª Feira de Cinzas					1ª Quinzena / Recesso (2ª Quinzena)

2º ANO

AGOSTO	SETEMBRO	OUTUBRO	NOVEMBRO	DEZEMBRO	JANEIRO
Início do ano catequético				1ª Quinzena / Recesso (2ª Quinzena)	Recesso

FEVEREIRO	MARÇO	ABRIL	MAIO	JUNHO	JULHO
Recesso / Retorno: 4ª Feira de Cinzas				Sacramento da Crisma (Pentecostes)	1ª Quinzena / Recesso (2ª Quinzena)

PARA O BOM ANDAMENTO DO ITINERÁRIO

1. É fundamental que o catequista se prepare com antecedência lendo e rezando o encontro, prevendo o material necessário, a simbologia proposta para cada encontro. É bom também ler as orientações e os passos propostos.

2. É importante que o catequista procure proporcionar um clima de acolhida, de amizade, em cada encontro; que promova e facilite o diálogo e a participação de todos, para que cada um se sinta incluído e responsável pelo caminho a ser feito.

3. Os encontros catequéticos acompanharão os tempos fortes do Ano Litúrgico, favorecendo que catequista e catequizando possam fazer gradativamente a experiência do mistério pascal vivido e celebrado ao longo de todo o Ano Litúrgico. Neste caminho, privilegiamos o método da leitura orante da Bíblia.

4. Cada catequizando deverá ter a sua Bíblia. Quando a família não tiver condições de comprar, a comunidade deverá encontrar um meio de adquiri-la, para não prejudicar o andamento dos encontros de catequese que terão a Palavra de Deus como mensagem e conteúdo fundamentais.

5. É muito importante que se mantenha um bom relacionamento com os pais e/ou responsáveis, por meio de encontros periódicos de oração e formação.

6. No processo, acontecerão celebrações que marcarão as diferentes etapas. Estas deverão ser preparadas e organizadas com antecedência, incluindo-as no calendário da paróquia, para melhor andamento e preparação das celebrações com as equipes de liturgia e com o pároco.

7. O catequista deverá primar pelo lugar do encontro: dispor as cadeiras de modo circular, quando possível ao redor de uma única mesa, colocando em destaque a Palavra de Deus, uma vela que será acesa no momento certo e a simbologia proposta para cada encontro.

8. A coordenação da catequese deverá ter um calendário dos encontros para formação de pais, catequistas, momentos de partilha, avaliação da caminhada feita entre os catequistas para enriquecimento pessoal e ajuda.

Nota: Para pré-adolescentes e adolescentes que procuram a catequese mais tarde, por exemplo, acima de 12 anos até os 15 pelo menos, e até com jovens, propomos fazer o mesmo processo, usando o mesmo material. Nesse caso, deve-se ter o cuidado de organizar grupos específicos para essa faixa etária, separados dos que têm de 9 a 11 anos. Os jovens seguirão os quatro tempos com a mesma metodologia da leitura orante, visto que a meta não é o sacramento, mas a iniciação de um caminho de conhecimento e seguimento de Jesus.

A CONVERSÃO

No processo de Iniciação à Vida Cristã de inspiração catecumenal, compreende-se como ponto fundamental a dimensão da conversão. No catecumenato histórico, essa dimensão era relevante e fundamental em todo o processo até a admissão aos sacramentos da iniciação, pois o Senhor Jesus afirma no Evangelho que veio anunciar a conversão e o perdão dos pecados (Mt 4,17), sendo esse o anúncio principal do Cristo para receber o Reino de Deus. Diz o Documento de Aparecida em seu número 278b, que a conversão "É uma resposta inicial de quem escutou o Senhor com admiração, crê nele pela ação do Espírito, decide ser seu amigo e ir após ele, mudando sua forma de pensar e de viver, aceitando a cruz de Cristo [...] ".

Nesse sentido, o retorno dos trabalhos da catequese após o recesso se dá na Quarta-Feira de Cinzas, quando as mesmas cinzas são impostas sobre nós pelo sacerdote repetindo as palavras do Evangelho: "Convertei-vos e crede no Evangelho" (Mc, 1,15). A conversão, o arrependimento dos pecados, traz junto o propósito de adotar uma nova vida, que estabelece como meta principal da existência, em primeiro lugar, Deus e sua Palavra custodiada pela Igreja.

Nessa fase do catecumenato crismal (volume 2), pedimos aos párocos, catequistas e introdutores que observem a caminhada dos catecúmenos e catequizandos. De acordo com sua idade, levem em consideração a maturidade que alcançaram até serem admitidos ao Sacramento da Crisma. Conversão é alcançar a maturidade na fé!

O questionamento sobre maturidade em crianças, adolescentes e jovens é pertinente: maturidade significa a capacidade de assimilar a proposta feita e assumi-la como projeto próprio de vida. Atenção: não significa analisar apenas se o catecúmeno/catequizando está indo à missa aos domingos – visto que por enquanto não são obrigados a tal. Pede-se, na verdade, que seja ponderado se está sendo dócil e receptivo ao anúncio do Evangelho e despertando, com a sua família, para o sentido do que significa encontrar a Jesus Cristo, ser Igreja, formar comunidade. Caso esses objetivos não tenham sido alcançados, aprecie-se a possibilidade de o catecúmeno/catequizando estender por mais um ano catequético sua experiência de aprofundamento. Se essa decisão precisar ser tomada, seja feita após um longo discernimento. Para tal, não deixe para analisar esses casos nas vésperas da recepção do sacramento. Contudo a decisão seja feita em diálogo com os familiares e com o catequizando ao longo do processo, desde o começo desse ano catequético.

A importância de levar em consideração a conversão concreta das atitudes para admissão aos sacramentos consiste em conceber o sacramento no fim do processo como dom e graça de uma caminhada assumida e iniciada, ao contrário da noção de sua recepção como uma "formatura" ou mera formalidade. É de vital importância compreender que a Igreja não existe no mundo para "distribuir" sacramentos, mas iniciar e formar discípulos missionários (Mt 28,19).

O INTRODUTOR

O ministério do introdutor, na Iniciação à Vida Cristã, é um ministério de acolhida e de acompanhamento. Uma das bases bíblicas para compreendê-lo é o encontro de Filipe com o eunuco, nos Atos dos Apóstolos 8,26-40.

A grande incumbência do introdutor é promover o primeiro anúncio, apresentar ao catecúmeno/catequizando a pessoa de nosso Senhor Jesus Cristo e sua entrega para nossa salvação por amor a nós. A ação do introdutor, nos primeiros séculos do cristianismo, era restrita a um período de três ou quatro meses, porque depois iniciaria a catequese propriamente dita, entrando em cena o ministro catequista, que teria de aprofundar o primeiro anúncio, por meio da Bíblia. Nessa proposta, o introdutor, membro da comunidade, é escolhido para acompanhar o catecúmeno/catequizando durante todo o processo da iniciação. Esse serviço é um acompanhamento personalizado.

A responsabilidade da promoção e organização dos ministros introdutores cabe estritamente ao pároco e ao Conselho de Pastoral Paroquial (CPP)/Conselho de Pastoral Comunitário (CPC). O introdutor não é o catequista! Assim, o catequista deve sempre averiguar, junto aos catecúmenos/catequizandos, se os introdutores estão cumprindo sua missão, informando ao pároco de possíveis dificuldades que possam ocorrer.

Jesus Mestre é a razão de ser do caminho de Iniciação à Vida Cristã, modelo de catequista e de introdutor. Seus gestos, suas palavras e a sua vida são inspiradores da nossa ação pastoral. Com Ele, aprendemos a evangelizar e catequizar para torná-lo conhecido e amado.

LEITURA ORANTE DA BÍBLIA

O método da *lectio divina* ou leitura orante da Bíblia consiste, essencialmente, em rezar a Palavra, em aproximar-se da Palavra de modo "sapiencial" e em buscar, na Palavra, o Cristo.

Foi Orígenes, teólogo do século III, quem cunhou o nome *lectio divina*. Nos séculos IV e V, foi a maneira predominante de ler a Bíblia e prevaleceu no tempo de São Bento (séc. V e VI). Todavia, por volta do ano 1150, com o monge Guido II, é que encontramos uma estruturação da *lectio divina*. Todas as ordens religiosas que surgiram no século XIII utilizaram o método da *lectio divina*, levando ao povo o método orante da Bíblia.

O Concílio Vaticano II, ao insistir na Palavra de Deus como base de toda a espiritualidade cristã, insistiu também na *lectio divina* como método de oração. A característica própria desse método é a ligação da fé com a vida.

A leitura orante requer que a mente e o coração estejam iluminados pelo Espírito Santo, ou seja, pelo próprio inspirador das Escrituras. Pôr-se, portanto, em atitude de religiosa escuta. Ela exige um ambiente exterior e interior aberto, preparado e disposto a seguir os passos propostos. Por isso, é fundamental esta preparação: invocação ao Espírito Santo, silêncio interior e exterior.

Fazer a leitura orante é como subir uma escada com quatro degraus ou dar quatro passos que nos levam ao encontro com Jesus, o Mestre, que nos ensina como viver segundo a experiência: um exercício, uma prática, uma relação pessoal, viva empolgante com Deus e com a realidade. Não é apenas uma técnica, um método teórico, mas é um caminho de transformação. É para dilatar o coração, abrir os olhos, estender as mãos, impulsionar os pés para a evangelização. É mudar o coração, a vida, a sociedade.

É a oração que leva à ação, ao irmão, à missão, à compaixão. É a oração, a escola da Palavra de Deus para o reencantamento dos discípulos, dos profetas, dos evangelizadores. É fonte de ardor apostólico. A leitura orante deve ser considerada um exercício e, como todo e qualquer exercício, só se aperfeiçoa praticando. Se não há prática contínua, não existe aperfeiçoamento.

A prática da leitura orante também nos ajuda a evitar que façamos uma leitura fundamentalista da Bíblia na qual não conseguimos enxergar a beleza, a sabedoria da Sagrada Escritura, e acaba nos desviando das exigências de que a caminhada em comunidade necessita. Quando se faz a leitura orante, o objetivo não é interpelar a Bíblia, mas interpretar a vida. Não é para aumentar o conhecimento bíblico, mas sim o contato com Deus, é celebrar a Palavra viva de Deus que fala a todos. A finalidade da *lectio divina* não é falar com Deus, mas, por meio da Palavra, ouvir Deus, que fala. O bom êxito de uma leitura orante exige cuidados que devem ser sempre levados em consideração. Alguns são de origem espiritual; outros, de ordem psicológica ou mesmo se constituem em pormenores que podem ajudar a oração.

A leitura deve ser feita em um ambiente e com um espírito silencioso, com calma e quantas vezes forem necessárias, até que a Palavra atinja e penetre o coração, favorecendo, assim, a familiaridade com o texto que está sendo lido. Prestar atenção a lugares e personagens é importante. Deve-se, enfim, tentar "visualizar" o que se está lendo.

Passos da leitura orante

1. **Acolhida, oração:** acolhida e breve partilha das expectativas. Oração inicial, invocando a luz do Espírito Santo.
2. **Leitura do texto:** leitura lenta e atenta, seguida por um momento de silêncio, deixando a Palavra falar.
3. **O sentido do texto:** *o que o texto diz em si mesmo?* Partilhar impressões e dúvidas, com o grupo sobre o teor do texto. Se necessário, ler novamente e buscar mais esclarecimento.
4. **O sentido para nós:** *o que a Palavra diz para mim, para nós?* Refletir profundamente sobre o texto e descobrir seu sentido atual. Aplicar o significado do texto à situação em que vivemos. Alargar o sentido, ligando-o com outros textos da Bíblia. Situar o texto no plano de Deus que se realiza na história.
5. **Rezar o texto:** *o que o texto me leva a dizer a Deus?* Ler de novo o texto com toda atenção. Momento de silêncio para preparar a resposta a Deus. Rezar o texto, partilhando as luzes e forças recebidas.
6. **Contemplar, comprometer-se:** *o que a Palavra me pede como compromisso?* Expressar o compromisso que a leitura orante nos leva a assumir. Resumir tudo numa frase para refletir durante o dia.
7. **Um salmo:** escolher um salmo que expresse tudo o que foi vivido no encontro. Rezar o salmo para encerrar o encontro.

CATECUMENATO (CONTINUAÇÃO)

SOMOS UM GRUPO QUE SE FORTALECE NO CAMINHO

Sentido do encontro

No itinerário percorrido até agora, fortalecemos nossos laços de unidade e de fraternidade, e procuramos conhecer mais Jesus e sua Palavra. Esse caminho de vida cristã não tem um ponto final, mas nos convida a perseverar e a avançar sempre mais animados e esperançosos. Nesta última etapa do processo de Iniciação à Vida Cristã, seremos fortalecidos pela Eucaristia, dom de Deus para nós, fonte de unidade e amor, e alimento para avançarmos mais profundamente no mistério de Deus.

Objetivo

Compreender a importância da amizade, da partilha e da fraternidade em nossa vida cristã.

Ambientação

Organizar o espaço do encontro em círculo, colocar a Bíblia, a vela e uma rede de pesca.

Acolhida

Acolher cada um com alegria por estar dando continuidade ao itinerário iniciado. Agora, com mais força e empenho, pois estamos avançando para a culminância deste caminho que nos acompanhará ao longo da vida.

1. OLHANDO PARA A VIDA

Questionar: o que marcou nossa caminhada na iniciação cristã até agora? Estamos dispostos a continuar este caminho? Por quê?

2. ORAÇÃO INICIAL

Acende-se a vela...

Refrão: *O nosso olhar se dirige a Jesus...* (Taizé).

Convidar os catequizandos a traçarem o sinal da cruz. Em seguida, convidar para um momento de silêncio, diante dos símbolos colocados no espaço do encontro preparado anteriormente pelo catequista.

Orientar a, juntos, rezarem a oração do Senhor, o Pai-nosso.

Motivar um canto ao Espírito Santo para promover uma atitude de escuta da Palavra.

3. ESCUTANDO A PALAVRA

Motivar o grupo para um momento de silêncio, preparando-se para ouvir a Palavra.

Convidar um catequizando para proclamar o Evangelho segundo São Lucas 5,1-11.

Solicitar que o grupo leia novamente o texto por versículos, espontaneamente.

Ajudar o grupo a refletir e anotar:

- **a** Quem são os personagens desse texto?
- **b** Onde ocorre a cena descrita no texto?
- **c** Quais são as palavras-chave e as ações que você identifica nesse texto?

Compreendendo a Palavra

"Pela tua palavra, lançarei as redes!" Essa cena do Evangelho de Lucas mostra que Jesus está com a multidão que já havia caminhado um bom tempo para escutá-lo. Jesus decide se afastar, entra em um barco e começa a falar. Na multidão, certamente, havia pessoas de diferentes situações e atitudes. Todos escutavam a sua Palavra e o seu ensinamento. Ao terminar a pregação, devolve o barco aos pescadores e pede que voltem a pescar. O grupo já havia tentado e, sem resultados, estava desanimado. Reconhecendo-o como Mestre, Simão tenta esclarecer a Jesus: "Mestre, tentamos a noite inteira e não pescamos nada" (Lc 5,5a). Porém, Simão acredita em Jesus: "em atenção à tua palavra, vou lançar as redes" (Lc 5,5b). Jesus não pediu uma ação individual nem se colocou como um mestre tradicional. Ele poderia ter dito para Simão: "Vamos mar adentro e eu vou te mostrar como fazer uma boa pesca", mas o convida para lançar as redes junto a outros pescadores. O resultado atrai outros pescadores, que ficam maravilhados. A partir daí, muda o tom da narração. Simão reconhece em Jesus uma presença misteriosa, diante da qual se sente pequeno e indigno: "Senhor, afasta-te de mim, porque sou pecador!" (Lc 5,8). Ele tinha medo, não sabia quem era essa pessoa a quem humildemente tinha escutado e obedecido, mas estava cativado por ela, assim como os outros pescadores. A relação do grupo muda, eles aprendem uma

nova forma de pescar. A partir dessa experiência, são convidados a serem "pescadores de homens". Devem seguir Jesus para escutá-lo e conhecer sua liberdade na pregação. Ao seu lado, mar adentro, eles irão juntos para lançar as redes e trabalhar com todos aqueles que o escutam e o seguem.

Para aprofundar e refletir

O Papa Francisco, na sua exortação apostólica *Evangelii Gaudium* – a alegria do Evangelho –, não se cansa de insistir para todos os batizados renovarem seu compromisso e seu ardor no seguimento de Jesus. O papa convida todos os cristãos a renovarem o seu encontro pessoal com Jesus Cristo ou deixarem encontrar por Ele, pois, segundo o pontífice:

> Não há motivo para alguém poder pensar que este convite não lhe diz respeito, já que "da alegria trazida pelo Senhor ninguém é excluído". Quem arrisca, o Senhor não o desilude; e quando alguém dá um pequeno passo em direção a Jesus, descobre que Ele já aguardava de braços abertos a sua chegada. Esse é o momento para dizer a Jesus Cristo: "Senhor, deixei-me enganar, de mil maneiras fugi do vosso amor, mas aqui estou novamente para renovar a minha aliança convosco" (EG, n. 3).

Para as pessoas se fortalecerem na amizade, na fraternidade, na convivência, é necessário a cada dia dar-se conta do valor da pessoa humana, da sua importância, da capacidade de dialogar e de caminhar junto. O Papa Francisco lembra a todos nós que a pessoa humana tem direito de viver com dignidade, porque sem esse princípio não haverá fraternidade e condições de vida (cf. FT, n. 107).

Ler e meditar:
✓   O número 10 da exortação apostólica *Evangelii Gaudium*.
✓   O número 105 da carta encíclica *Fratelli Tutti*.

4. MEDITANDO A PALAVRA

O Evangelho nos convida a conhecer melhor a pessoa de Jesus, ouvindo sua Palavra e deixando que ela questione nossa vida cristã, nossas atitudes, muitas vezes, exclusivas e individualistas.

Convidar os catequizandos a conversarem sobre o que aprendemos da Palavra de Deus e a perceberem quais os apelos que ela nos faz?

Ajudar o catequizando a pensar: quais são os nossos cansaços? O que entendemos com a expressão "avancem para águas mais profundas"? Ela tem alguma relação com o caminho que estamos fazendo?

Conversar sobre essas questões. Solicitar que os catequizandos escrevam sua reflexão para depois partilhar com o grupo.

5. REZANDO COM A PALAVRA

Motivar os catequizandos a rezarem em silêncio, escreverem sua oração e depois partilharem com o grupo:

✓ O que o encontro de hoje e a Palavra de Deus te fazem rezar? Peçamos ao Senhor a força e a coragem dos Apóstolos em seguir Jesus.

Convidar os catequizandos a, espontaneamente, fazerem preces, súplicas ou pedidos de perdão. A cada prece, orientar para dizerem todos juntos: *Senhor, atende a nossa súplica*.

Canto: escolher um canto adequado.

6. VIVENDO A PALAVRA

Comentar que, com Jesus, vão mar adentro para lançar as redes e trabalhar com todos, aqueles que o escutam e o seguem. Depois, motivar o grupo a pensar e assumir uma ação concreta a partir do que foi refletido no encontro, perguntando:

✓ Como podemos lançar nosso olhar para além de nós, indo ao encontro de outras pessoas?

Incentivar a, juntos, pensarem em um compromisso concreto para viver essa Palavra.

O REINO DE DEUS ESTÁ NO MEIO DE NÓS

Sentido do encontro

A missão dos discípulos e da comunidade é continuar a prática de Jesus em favor das pessoas que são excluídas pela sociedade.

Objetivo

Compreender que todos são chamados e enviados a anunciar o Reino de Deus.

Ambientação

Bíblia, vela, vaso com flores, um par de sandálias e um tecido da cor do tempo litúrgico.

Acolhida

Acolher com carinho e alegria cada catequizando.

1. OLHANDO PARA A VIDA

Motivar o grupo a conversar sobre o que recorda do encontro da semana anterior e qual foi o compromisso assumido e, ainda, se todos conseguiram realizar o que assumiram.

2. ORAÇÃO INICIAL

Acende-se a vela...

Escolher um refrão meditativo para iniciar a oração.

Convidar o grupo a traçar sobre si o sinal da cruz e rezar juntos a oração:

> *Pai, fazei de mim um instrumento de gratuidade para a construção do vosso Reino. Por onde eu passar, que eu seja instrumento de vossa paz. Paz que se constrói no coração e na comunicação dos bens divinos a cada pessoa humana. Amém!*

3. ESCUTANDO A PALAVRA

Motivar um momento de silêncio para escutar a Palavra. Após um breve tempo, convidar o grupo a ficar em pé, preparando-se para ouvir atentamente a proclamação do Evangelho segundo São Mateus 10,5-15.

Após a proclamação, motive cada um a reler em silêncio o texto. Incentivar a espontaneamente repetirem palavras ou frases do texto que mais chamaram a atenção. Em seguida, oriente os catequizandos a refletirem e anotarem:

- **a** Quais são os personagens que aparecem na Palavra que foi proclamada?
- **b** Que orientações os discípulos receberam para a missão?
- **c** Quais palavras ou frases do texto mais chamaram a sua atenção?

Compreendendo a Palavra

Deus sempre se preocupou em dar a todos os seus filhos e filhas uma qualidade de vida digna, porque somos criados à sua imagem e semelhança. Para isso, chama-nos a sair do comodismo, avançar para águas mais profundas e anunciar ao mundo que o Reino dos céus é Jesus, e que Ele está no meio de nós. Faz-nos um apelo: que em nossa caminhada não levemos nada do que o mundo considera importante, mas tão somente os dons que d'Ele recebemos gratuitamente. A alegria de ser um discípulo, a felicidade e o perdão são atributos da gratuidade do Pai e estão dentro do nosso coração. Recebemos de graça e de graça devemos dar; é nosso dever, é nosso chamado e nossa missão. O Senhor tem um amor incondicional e poderoso para nos curar e nos libertar. É com esse amor que nós também devemos sair pelo mundo afora, anunciando que o Reino dos céus está próximo, curando os enfermos, os leprosos, ressuscitando os mortos... É essa a nossa tarefa, a nossa missão! Porém, para desempenhá-la com sucesso, primeiramente, nós mesmos devemos nos sentir curados, ressuscitados, purificados e livres de todas as artimanhas do inimigo. O Espírito Santo é a luz, a força em que devemos confiar, é Ele quem nos conduz para o discipulado.

Para aprofundar e refletir

O(a) discípulo(a) de Jesus e a comunidade cristã são chamados e enviados a proclamar que o Reino de Deus está chegando, está próximo (cf. Mt 10,7). Esse é também o apelo que a Igreja faz aos cristãos leigos e leigas, aos batizados, quando diz: "Os cristãos são chamados a serem os olhos, os ouvidos, as mãos, a boca, o coração de Cristo na Igreja e no mundo" (Doc. 105, n. 102). Para viver e testemunhar essa missão, esse mandato do Senhor, é necessário que o discípulo de Jesus se coloque na escuta do Espírito Santo, na sua força e inspiração, contribuindo para a edificação da comunidade e a transformação do mundo, como um lugar onde o Reino de Deus é anunciado e cresce.

Jesus, na sua missão de anunciar o Reino, sempre esteve ao lado dos fracos, dos excluídos e a favor da vida plena para todos. Assim, seus discípulos também devem primar pela vida digna para todos, pois, como nos diz o Catecismo da Igreja Católica: "De seu mestre, o discípulo tem aprendido a lutar contra toda forma de desprezo da vida e de exploração da pessoa humana" (CIgC, n.112). Portanto, todo cristão é convocado pela força da Palavra a anunciar e a fazer acontecer no cotidiano da vida o Reino de Deus aqui e agora.

Para ler e meditar:
✓ Os números 13 e 132 do Documento 105 da CNBB: *Cristãos leigos e leigas na Igreja e na sociedade.*
✓ Os números 112 e 542 do Catecismo da Igreja Católica.
✓ O número 361 do Documento de Aparecida.

4. MEDITANDO A PALAVRA

A partir da Palavra proclamada, incentivar o grupo a conversar e partilhar sobre: o que a Palavra diz para você? Qual o ensinamento que ela nos traz? O que os discípulos deveriam anunciar?

Conversar com o grupo, ajudando a compreender em que consiste o Reino que deve ser anunciado.

Explorar qual é a saudação que Jesus pede para os discípulos falarem quando entrarem numa casa e o que ela significa; qual é a ordem de Jesus aos discípulos sobre o que não devem levar para a missão e por quê?

5. REZANDO COM A PALAVRA

Convidar cada catequizando para, em silêncio, fazer sua oração, procurando responder as questões: o que a Palavra de hoje motiva você a dizer a Deus? Que oração brota dentro de você para Deus?

Incentive a escreverem a oração para depois partilhar com o grupo.

Motivar o grupo a ouvir a música, *Balada por um Reino* (Pe. Zezinho). Depois refletir sobre a sua letra e qual a relação com o tema do encontro.

6. VIVENDO A PALAVRA

Motivar o grupo a pensar sobre o compromisso que o encontro suscita: o que podem fazer como grupo para anunciar o Reino de Deus?

Sugerir: visitar uma pessoa e comentar sobre o nosso grupo, falar sobre Deus e seu amor por todos. Que outras ideias o grupo tem? Definir juntos um compromisso.

JESUS TEM COMPAIXÃO PELOS QUE SOFREM

Sentido do encontro

Jesus tem compaixão pelos que sofrem e está sempre atento, escuta e responde a quem pede socorro. Neste encontro, iremos refletir sobre os gestos humanos que Jesus nos ensina e nos convida a realizar.

Objetivo

Aprender com Jesus a compaixão, sua atenção e prontidão em socorrer aqueles que mais precisam.

Ambientação

Bíblia, vela e bacia com água.

Acolhida

Acolher os catequizandos com alegria, recordando o encontro anterior, o tema e o compromisso assumido.

1. OLHANDO PARA A VIDA

Conversar com os catequizandos sobre como eles estão, como foi a semana, como está a família de cada um. Seja marcante e atencioso(a), demonstre interesse em saber sobre a vida deles. Partilhe também com eles a sua semana.

Retomar o compromisso do encontro anterior.

2. ORAÇÃO INICIAL

Acende-se a vela...

Convidar o grupo para fazer um momento de silêncio e acompanhar o rito de acender a vela repetindo um refrão meditativo.

Refrão: *Onde reina o amor* (Taizé).

Em clima de oração, incentivar o grupo a fazer o sinal da cruz e, em seguida, rezar juntos a oração:

> *Deus Pai de riquíssima misericórdia, que cuidas de cada um de nós e de nossas necessidades, ajuda-nos a acolher a tua Palavra para caminhar e estender a mão aos que estiverem sozinhos e caídos no caminho. Por nosso Senhor, Jesus Cristo, amoroso e compassivo. Amém.*

Pode-se encerrar este momento cantando o refrão: *Fala, Senhor, fala da vida.*

3. ESCUTANDO A PALAVRA

Motivar o grupo a fazer um tempo de silêncio, preparando-se para a escuta da Palavra.

Convidar um catequizando a proclamar o Evangelho segundo São João 5,1-15.

A seguir, solicitar que cada um leia novamente o texto individualmente e depois motivar o grupo a procurar recontar a história com suas próprias palavras. Na sequência, pedir que cada um reflita e anote em seu livro as respostas às questões:

- **a** Quais personagens aparecem no texto? Onde estão?
- **b** Qual é a iniciativa de Jesus?
- **c** Qual a atitude e a reação do paralítico antes de ser curado?
- **d** Qual a advertência que Jesus faz ao paralítico ao reencontrá-lo no Templo?

Compreendendo a Palavra

No texto de João, vimos que Jesus seguia seu caminho rumo a Jerusalém. Na entrada da cidade, havia uma piscina cujas águas podiam curar as pessoas, por isso, numerosos doentes ficavam ao seu redor. Atento, Jesus observava o grupo de enfermos e, por compaixão, interpelou um paralítico que, há mais de 38 anos, encontrava-se preso a uma cama. Discreto, Jesus fez a pergunta decisiva: "Queres ficar curado?" Embora acreditasse na cura pelo poder de Deus, o paralítico explicou que era sozinho e não tinha quem o ajudasse a chegar até a piscina. Com autoridade, Jesus o curou determinando: "Levanta-te, toma teu leito e anda" (Jo 5,8). E o paralítico levantou-se, pegou o seu leito e andou.

Jesus, compadecido, vai ao encontro dos que sofrem, dos negligenciados e abandonados e lhes oferece ajuda, antes mesmo que eles peçam. "Antes de me invocarem, eu já lhes terei respondido; enquanto ainda estiverem falando, eu já os terei atendido" (Is 65,24). As graças que recebemos no dia a dia, assim como aquela recebida pelo paralítico, revelam a compaixão de Jesus e todo o seu amor pela humanidade: "Eu vim para que tenham vida e a tenham em abundância" (Jo 10,10). Saibamos receber as graças para sermos colaboradores e anunciadores do Reino e testemunhas da misericórdia de Deus em nossa vida. Não nos esqueçamos, graça não é mérito, mas sim pura misericórdia: "Deus que é rico em misericórdia, pelo grande amor que nos amou [...]" (Ef 2,4).

Para aprofundar e refletir

Jesus precisava revelar o plano divino da Salvação. Ao ir a Jerusalém, Ele manifesta sua obediência ao Pai revelando o que está nas Escrituras, pois é o seu enviado. Testemunha disso são os sinais que realiza e como por eles a fé é fortalecida: as curas que realizava, a compaixão com as pessoas mais fracas, a defesa da vida e sua dignidade eram sinais da presença do Reino. O fato da vida e de sua dignidade estarem acima das leis estabelecidas leva Jesus a fazer o bem e salvar a vida das pessoas, mesmo em dia de sábado. Jesus tem poder não somente para curar, mas também para perdoar os pecados: veio curar o homem na sua totalidade, alma e corpo; é o médico de que os doentes precisam. A sua compaixão para com todos os que sofrem vai ao ponto de identificar-se com eles e assim nos leva a desenvolver a atenção e o cuidado com aqueles que sofrem no corpo e na alma (cf. CIgC, n. 1503).

Para ler e meditar:
✓ Os números 548, 1503 e 1505 do Catecismo da Igreja Católica.

4. MEDITANDO A PALAVRA

Ajudar o grupo a compreender que

> a saúde é direito de todos e dever do Estado, garantido mediante políticas sociais e econômicas que visem à redução do risco de doença e de outros agravos e ao acesso universal e igualitário às ações e serviços para sua promoção, proteção e recuperação (BRASIL, 1988, art. 196).

Motivar os catequizandos a refletirem, dialogarem e anotarem o que julgarem mais importante da Palavra de Deus e que implicações apresentam para a vida cotidiana. As perguntas a seguir poderão facilitar o diálogo:

✓ Todos têm acesso à saúde, conforme descreve o Artigo 196 da Constituição Federal?
✓ Como são tratadas as pessoas com deficiências físicas em nossa sociedade?

- ✓ Na escola ou no clube que frequenta, há pessoas com deficiências físicas?
- ✓ Há acessibilidade arquitetônica para essas pessoas (rampas, banheiros adaptados, piso tátil) em todos os espaços e ambientes?
- ✓ Olhe ao redor da nossa paróquia, da comunidade e procure identificar como está a acessibilidade.
- ✓ Você se considera atento e sensível às necessidades dos outros? Por quê?

5. REZANDO COM A PALAVRA

Procurar criar um clima de silêncio, orante, para meditar e rezar com base na pergunta:

- ✓ O que o encontro de hoje e o texto bíblico levam você dizer a Deus?

Convidar o grupo a fazer preces e orações espontâneas, pedindo ao Senhor que nos cure de todo sofrimento e nos livre – a nós e a todos os irmãos e irmãs – do mal. A cada prece, orientar a dizerem juntos: *Ouvi-nos, Senhor*.

Comentar com os catequizandos que Jesus sempre está conosco, cuida de nós e nos ampara sempre que caímos, nos ajuda a caminhar e nos carrega no colo quando necessitamos. Hoje seremos anjos na vida do outro.

Orientar o grupo a tocar na água e abençoar o colega da catequese dizendo: "Que Jesus te abençoe e caminhe sempre contigo". Poderão fazer isso ao som de alguma música, como: *Pegadas na areia* (Pe. Zezinho); *Nas asas do Senhor* (Celina Borges) ou outra que considerar mais adequada ao grupo.

Encerrar este momento rezando juntos as orações do Pai-nosso e do Anjo da Guarda.

6. VIVENDO A PALAVRA

Orientar o grupo a pensar um compromisso para viver ao longo da semana, algo como procurar observar e tentar descobrir se há na família ou na comunidade alguém doente; saber se as pessoas mais necessitadas têm acesso à saúde, se precisam de algum tipo de ajuda e escolher um dia da semana para visitar e levar uma mensagem de alegria, de coragem e de esperança.

Comentar que o acesso à saúde pública é direito de todas as pessoas! Zelemos e cuidemos para que todos tenham esse direito preservado. Depois, orientar a, na oração durante a semana, lembrarem dos nossos governantes, pedindo a Deus para que sempre sejam justos e empenhados com relação à saúde da população.

NEM EU TE CONDENO

Sentido do encontro

Deus, em sua infinita misericórdia e amor, enviou seu Filho Jesus para nos conceder o perdão e nos colocar novamente no seu caminho. Mesmo que sejamos pecadores, Ele espera que tenhamos atitudes semelhantes às de seu Filho. Jesus condenava o pecado, mas amava e acolhia o pecador.

Objetivo

Compreender que, como seguidores de Jesus, devemos nos colocar no lugar do outro e ter por ele o mesmo amor que Jesus tem por nós.

Ambientação

Bíblia, vela, cruz e pedras.

Acolhida

Acolher os catequizandos com alegria, recordando que, no encontro anterior, falamos sobre compaixão e misericórdia e que hoje daremos continuidade ao assunto, falando do amor, da misericórdia e do perdão.

1. OLHANDO PARA A VIDA

Convidar o grupo a partilhar como foi a semana que passou e a conversar sobre como viveram o compromisso assumido no encontro anterior.

Entregar a cada catequizando uma pedra, pedindo que fiquem com ela na mão durante o encontro.

2. ORAÇÃO INICIAL

Acende-se a vela...

Motivar o grupo a fazer um momento de silêncio, ou sugerir um refrão meditativo.

Convidar para fazerem o sinal da cruz, lembrando a presença da Trindade em nós, seguindo com a oração:

> *Senhor Deus de bondade e de misericórdia, que acolheis e perdoais nossos pecados, devolvendo-nos a vida; dai-nos sabedoria para acolher a vossa Palavra e aprender a olhar o próximo sem julgamento e condenação. Por nosso Senhor, Jesus Cristo, Salvador do mundo. Amém.*
> *Glória ao Pai, ao Filho e ao Espírito Santo...*

3. ESCUTANDO A PALAVRA

Motivar um canto de aclamação ao Evangelho e convidar para, em pé, o grupo acompanhar a proclamação do Evangelho segundo João 8,3-11.

Solicitar que, dois a dois, leiam mais uma vez o texto bíblico.

Orientar o grupo a pensar e anotar sobre o que trata o texto, quem são as pessoas envolvidas e quais as atitudes de cada um, a partir das questões:

- **a** O que lemos? O que nos diz esse texto?
- **b** O que os acusadores queriam fazer com a mulher? O que Jesus lhes disse?
- **c** Por que os acusadores foram embora?
- **d** Conversem sobre como foi o diálogo entre Jesus e a mulher.

Compreendendo a Palavra

Mais uma vez, os fariseus tentam pôr Jesus à prova. Por isso, levam uma mulher pega em adultério, esperando o consentimento de Jesus para apedrejá-la ou que expusesse outra opinião que o deixasse em situação contraditória com relação à lei de Moisés. Jesus deixa claro quão grande é a sua misericórdia, e como também é misericordioso o plano de Deus, o grande juiz, que julgará conforme a sua justiça. "Pois Deus amou tanto o mundo, que entregou o seu Filho único, para que todo o que nele crê não pereça, mas tenha vida eterna" (Jo 3,16). Sua vinda é para salvação do mundo: arrependimento, conversão, perdão e vida eterna. Jesus permite revertermos a nossa situação de filhos pecadores – porém muito amados – para filhos arrependidos que voltam ao Pai e admitem que, sem Ele, sem o seu amor incondicional e sem o seu perdão, nada serão. Diante dos fariseus e da mulher, Jesus se abaixou e escreveu no chão. Humildemente, benevolente até para com os acusadores, livrando-os de condenarem a si mesmos (cf. Mt 7,1-2), disse: "Quem dentre vós estiver sem pecado, seja o primeiro a lhe atirar uma pedra" (Jo 8,7). Aos poucos, a começar pelos mais velhos, saíram todos, ficando apenas a mulher diante de Jesus. E Ele levou-a a refletir sobre os seus atos, a examinar sua consciência e a arrepender-se de seus pecados, reconciliando-a com Deus. Absolvida e advertida para que não voltasse a pecar, pôs-se novamente na caminhada.

Para aprofundar e refletir

Diante do pecado instaurado no mundo, Deus Pai, amoroso, envia-nos seu Filho, não para condenar, mas para salvar "Pois Deus não enviou seu Filho ao mundo para julgar o mundo, mas para que o mundo seja salvo por Ele" (Jo 3,17). No tempo de Jesus, os fariseus seguiam leis religiosas rígidas, apegados excessivamente às formalidades. Mostravam uma fidelidade e honestidade que, na verdade, não possuíam. Em nome da lei se julgava, condenava, sem dar uma oportunidade para retomar o dom maior e precioso da vida e da dignidade da pessoa. Em Jesus, a lei não aparece mais gravada nas tábuas de pedra, mas no fundo do coração (Jr 31,33). Essa prática de Jesus, os seus gestos e ações em favor dos pobres e necessitados, já no início do seu ministério, levava os fariseus e adeptos de Herodes, os sacerdotes e escribas a buscar uma forma de calar Jesus, mas não encontrando, passaram a criar estratégias para matá-lo.

Para ler e meditar:
✓ O texto do livro de Isaías 42,3-6.
✓ Os números 580 e 581 do Catecismo da Igreja Católica.

4. MEDITANDO A PALAVRA

Motivar o grupo a um diálogo, retomando o texto bíblico, para refletir e anotar:
✓ O que a Palavra deste encontro diz para você? Como pensa e reage diante do erro de outra pessoa? E diante dos seus erros?
✓ Tem dificuldades para perdoar? Tem dificuldade para confessar suas faltas?
✓ Julga com facilidade os outros? Condena seus gestos e atitudes?

Incentivar o grupo a conversar e partilhar sobre o que refletiram e anotaram.

Comentar: Sabemos que, muitas vezes, pela comoção "justiceira" de um momento, de um grupo, colocamo-nos no lugar de Deus e somos tentados a fazer justiça à nossa maneira. Por conta do uso irresponsável e exagerado da internet, algumas pessoas, em especial os jovens, estão expostos, ridicularizados, julgados e marginalizados. Sabemos também que tanto o bullying quanto a condenação indevida são injustos e podem levar a pessoa à morte.

Orientar para, em grupo, conversarem sobre o assunto. Poderá contribuir apresentando situações da comunidade, matérias de jornais, da internet, revistas, para uma discussão em grupo.

5. REZANDO COM A PALAVRA

Orientar os catequizandos a fazerem sua oração a partir da Palavra que ouviram e meditaram, incentivando-os a rezarem em silêncio e escreverem a oração, para depois partilhar com o grupo.

Incentivar o grupo a meditar e rezar, servindo-se do texto proposto na sequência e da pedra que lhes foi entregue, pedindo que a observem, enquanto ouvem o que será lido. Leia o texto pausadamente. Se necessário, repita a leitura:

> O perdão e a reconciliação expressam o amor e a misericórdia de Deus pela humanidade. Não estamos livres de cometer erros, por isso não podemos julgar e condenar. Isso exige de nós um exercício diário. Uma pedra na mão significa carregá-la também no coração e, a qualquer momento, podemos atirá-la, machucando alguém ou a nós mesmos. Sentimos que a pedra incomoda, mas, por dificuldade de perdoar, preferimos o incômodo ao invés de nos libertarmos.

Convidar os catequizandos a olharem para a pedra que têm em suas mãos e a dizerem o que sentiram, que sentimentos tiveram, o que essa pedra pode significar. A seguir, motivar a depositarem próxima à cruz que está no espaço do encontro, fazendo um pedido de perdão ou uma súplica espontânea.

Orientar que todos fiquem em pé, diante da cruz, e rezem repetindo o que irá dizer:

> *Perdão, Senhor, por ter te ofendido; a teus pés, volto arrependido!*

> *Perdão, Jesus, reconheço meu pecado, certeza tenho de ser perdoado. Perdão, Senhor! Senhor, meu Deus, tem piedade dos filhos teus.* (2x)

Concluir este momento rezando o Pai-nosso.

6. VIVENDO A PALAVRA

Ajudar o grupo a assumir um compromisso para viver a Palavra e meditá-la ao longo da semana. Propor aos catequizandos a confissão ou motivar a, no momento do ato penitencial na missa, fazerem seu gesto de perdão.

Orientar a, se ofenderam alguém ou estão de mal com alguém, durante a semana, procurarem a reconciliação e o perdão.

POVO DE DEUS, POVO DA ALIANÇA

Sentido do encontro

Ao longo da história, Deus, movido por amor, fez Aliança com o povo escolhido. Ele vem ao encontro da humanidade e diz qual é a sua vontade. E nós somos chamados a colaborar e cumprir o que Ele propõe.

Objetivo

Compreender que a Aliança entre Deus e seu povo expressa sua bondade e sua fidelidade.

Ambientação

Bíblia, vela, um par de alianças ou uma ilustração que mostre alianças.

Acolhida

Acolher os catequizandos, manifestando amor e alegria, para que eles percebam o quanto é importante fazer parte do grupo catequético.

1. OLHANDO PARA A VIDA

Motivar o grupo a conversar sobre a semana que passou, citar alguns fatos, acontecimentos que foram importantes e partilhar o compromisso assumido no encontro anterior.

2. ORAÇÃO INICIAL

Acende-se a vela...

Iniciar com um refrão meditativo: *Indo e vindo, trevas e luz...*, ou outro que ache adequado, procurando criar no grupo uma atitude de oração. Depois, convidar para fazerem o sinal da cruz e rezarem juntos:

Senhor Deus, Pai misericordioso, cheio de amor para com todos, ajudai-nos a sermos fiéis à vossa Aliança, assim como foram nossos pais na fé.

Glória ao Pai, ao Filho e ao Espírito Santo...

3. ESCUTANDO A PALAVRA

Convidar o grupo a ficar em pé para ouvir atenciosamente a proclamação do texto bíblico de Gn 17,1-8.

Motivar cada um a, em silêncio, ler e reler o texto. Depois, solicitar aos catequizandos que, espontaneamente, lembrem frases, expressões, verbos presentes no texto que chamaram a atenção.

Peça para, em grupo, conversarem sobre as questões:

a Retome o texto, contando o relato e identificando as situações narradas.

b Quais são os personagens mencionados no texto?

c Cite o versículo que mais chamou sua atenção.

Após a conversa, orientar a anotarem os elementos que cada um julgar mais importante para a sua vida.

Compreendendo a Palavra

"Aliança", na Bíblia, é uma palavra com profundo sentido teológico. Significa que Deus é sempre aliado do povo. Significa também compromisso. Fazer a Aliança com Deus é ser escolhido para uma missão: manter, na história, a memória viva do Deus que nos ama. Na Aliança, Deus se compromete a proteger, a estar presente e a caminhar junto a seu povo. Também o povo se compromete a caminhar com seu Deus, ser fiel e seguir as suas normas. Portanto, é um pacto de ambos os lados: Deus se compromete com o povo e, ao mesmo tempo, o povo se compromete com Deus. Pode-se resumir o significado dessa Aliança numa frase bíblica: "E eles, então, serão o meu povo, e eu serei o seu Deus" (Jr 32,38; Ez 11,20; 14,11; Zc 8,8). Com essa promessa, Deus iniciou um projeto, destinado a abençoar todas as nações da Terra. A história e as profecias da nação nascida de Abraão são importantes não somente para seu próprio povo, mas também para os povos de todas as nações. Depois de um encontro com Deus, nossa vida nunca será a mesma, tudo se transformará. Assim aconteceu com Abraão. Deus, ao mudar o seu nome Abrão (grande pai) para Abraão (pai da multidão), estava dando a ele um novo sentido na sua vida, ser "pai de uma multidão de nações".

Para aprofundar e refletir

Desde a origem do mundo, Deus se dá a conhecer e faz Aliança com o homem. Para congregar a humanidade dispersa, Deus escolhe Abraão, chamando-o para "deixar a sua terra, a sua família e a casa de seu pai" (Gn 12,1), para fazer dele o "pai de uma multidão de nações" (Gn 17,5) e prometendo-lhe: "Em ti serão abençoadas todas as nações da Terra" (Gn 12,3). Na história da salvação, Deus se revela à humanidade, escolhe Abraão para liderar, guiar o povo e concluir uma Aliança com ele e os seus descendentes, o torna pai de um povo numeroso, de uma grande descendência. Nós somos herdeiros da promessa de Abraão pela fé em Jesus Cristo (cf. Rm 1,3ss.). "Abraão, contra toda esperança, acreditou na esperança de tornar-se pai de muitos povos" (Rm 4,18). Fazer memória da história do povo de Deus nos leva a compreender que não estamos sozinhos, mas somos um povo, Deus caminha com seu povo e constantemente renova a Aliança conosco. Ele é o Deus libertador, o Deus da Aliança, e nós somos chamados a manter viva a memória dos feitos de Deus em favor do seu povo.

Ler e meditar:
- ✓ Os números 144, 146 e 1819 do Catecismo da Igreja Católica.
- ✓ A homilia do Papa Francisco: *Um grão de areia* (6 de abril de 2017).

4. MEDITANDO A PALAVRA

Com o grupo, procurar estabelecer um diálogo a partir destas perguntas, para compreender a Palavra proclamada, solicitando que anotem o resumo da reflexão.

- ✓ Qual o ensinamento que a Palavra de Deus hoje te dá?
- ✓ Qual é a Aliança que Deus fez com Abraão?
- ✓ Qual o ensinamento que você pode tirar do texto lido?
- ✓ Quais atitudes precisamos ter quando Deus faz uma Aliança conosco?

Apresentar aos catequizandos um par de alianças ou uma imagem delas. Perguntar: o que simbolizam? Quem as usa? Explicar por que a aliança não tem começo e nem fim, explorando que isso representa ser uma aliança eterna, ou seja, para sempre. As alianças são um sinal da unidade entre o homem e a mulher, assumida no matrimônio, e sinal de cumplicidade, amor e fidelidade. Elas recordam a aliança entre Deus e o ser humano, entre Deus e sua Igreja.

5. REZANDO COM A PALAVRA

Comentar com o grupo que, depois de ter meditado a Palavra de Deus, agora é o momento de rezar com base no que Ele nos falou. Convidar cada um a fazer sua oração a Deus, buscando responder:

- ✓ O que a Palavra de Deus, que hoje foi proclamada, leva você a dizer a Deus?

Incentivar um tempo de oração silenciosa, depois convidar para escreverem a oração. Em seguida, convidar cada um para partilhar com os colegas a prece, a súplica que dirigiu a Deus, espontaneamente. Após cada prece, orientar a dizer: *Ouve nossa prece, Deus de amor.*

Convidar para rezarem na Bíblia o Salmo 111(110), dizendo aos catequizandos: *com esse Salmo, agradecemos a Aliança que Deus fez conosco e com toda a humanidade. Ele nos coloca no caminho da justiça e da libertação.*

Encerrar este momento dizendo: *iluminados pela luz de Deus, para sermos fiéis ao pacto de Aliança que Ele fez conosco, vamos rezar o texto de Dt 4,31.*

6. VIVENDO A PALAVRA

Sugerir ao grupo que, como compromisso nesta semana, procurem partilhar em família o que aprenderam sobre Aliança e anotar o que conversaram em casa, para partilhar com o grupo no próximo encontro.

O MAL NOS AFASTA DE DEUS

Sentido do encontro

No livro do Gênesis, o relato dos dois irmãos, Caim e Abel, nos diz como o ser humano pode afastar-se do projeto de Deus. O autor mostra como o mal e a violência podem provocar situações de morte. Nesse relato, somos colocados, pela primeira vez, diante da morte, anunciada ao serem descritas as consequências do primeiro pecado (cf. Gn 3,19) e seu aspecto social: o ser humano torna-se inimigo do ser humano.

Objetivo

Compreender que a vida humana é dom de Deus, que é o Senhor da vida.

Ambientação

Um tecido da cor do tempo litúrgico, Bíblia, vela e flores.

Acolhida

Acolher os catequizandos com animação, alegria e atenção.

1. OLHANDO PARA A VIDA

Motivar o grupo a conversar sobre a semana que passou e partilhar como viveu o compromisso do encontro anterior.

2. ORAÇÃO INICIAL

Acende-se a vela...

Com um refrão meditativo, motive o grupo a fazer um momento de silêncio. A seguir, convidar para, na alegria do encontro e comprometidos com o Reino de Deus, juntos, fazerem o sinal da cruz.

Para este momento, escolher um canto de invocação do Espírito Santo para sensibilizar os catequizandos na escuta e meditação da Palavra de Deus. Encerrar a oração inicial convidando para rezarem juntos: *Glória ao Pai, ao Filho e ao Espírito Santo...*

3. ESCUTANDO A PALAVRA

Convidar todos para, em uma atitude de atenção e prontidão, ficarem em pé para acompanhar a proclamação do texto bíblico de Gn 4,1-16.

Motivar cada catequizando a ler mais uma vez o texto bíblico identificando e anotando informações sobre os personagens e as ações que cada um realiza. Em seguida, convidar para contarem com suas próprias palavras o fato bíblico.

- ✓ Quais eram os nomes dos dois filhos de Eva?
- ✓ Qual era a atividade de cada um deles?
- ✓ Por que Caim matou Abel?

Compreendendo a Palavra

O mal e a infidelidade levam à quebra da comunhão com Deus e ao afastamento da comunidade eclesial, fazem voltar o ser humano ao poder do mal e causam escândalo aos irmãos e irmãs que têm o direito de ver, na comunidade e na sociedade, o sinal e o testemunho da mensagem da Palavra de Deus, da fraternidade e da presença do Senhor. O ser humano, de fato, experimenta no íntimo do seu ser a fragilidade e a capacidade de praticar o mal. Ele pode recusar livremente aquilo que lhe foi proposto por seu Criador, afastando-se, assim, de Deus. Nenhuma pessoa, em qualquer circunstância, tem o direito de destruir diretamente a vida humana. A vida humana é sagrada, é dom de Deus, visto que fomos criados à sua imagem e semelhança, participamos do seu sopro de vida. A vida do irmão é inviolável, pertence a Deus, somente Ele é o Senhor da vida e não se alegra com a violência e com a "perdição dos vivos" (Sb 1,13). A Palavra do Senhor nos ensina concretamente a direção que a vida deve seguir, "para poder respeitar a própria verdade e salvaguardar a sua dignidade" (EV, n. 48). A lei do Senhor, em toda a sua extensão, está a serviço da proteção da vida, porque busca revelar a verdade na qual a vida encontra o seu pleno sentido e valor. Portanto, não é possível a vida permanecer autêntica e plena quando o ser humano se afasta do bem, porque o bem está essencialmente em comunhão com os desígnios do Pai, autor da vida. Fomos criados para praticar o bem, e não o mal, porque todo nosso ser está imbuído do bem que vem de Deus. Assim sendo, toda a nossa vida deve estar alicerçada no cumprimento do bem e no amor ao próximo.

De acordo com o Catecismo da Igreja Católica, pela razão, o homem conhece a voz de Deus, que o convida a fazer o bem e a evitar o mal. Cada pessoa tem como obrigação seguir esse propósito que ressoa na consciência e se cumpre no amor a Deus e ao próximo (cf. CIgC, n. 1706). O homem participa da sabedoria e da bondade do Criador, que lhe confere o domínio de seus atos e a capacidade de se governar em vista da verdade e do bem (cf. CIgC, n. 1954). Sublinha a exortação *Gaudium et Spes* em seu número 13, que o ser humano está dividido em si mesmo. Por essa razão, toda a vida humana, nos âmbitos individual ou coletivo, encontra-se diante da luta desafiadora entre o bem e o mal, entre sombras e luzes. Mas destaca também que o próprio Deus veio ao mundo para libertar e confortar o ser humano, ajudando-o a renovar-se interiormente. A carta encíclica *Evangelium Vitae* (n. 53) ressalta que Deus é o Senhor absoluto da vida humana, formada à sua imagem e semelhança (cf. Gn 1,26-28). Nesse sentido, a vida humana é tratada como sagrada e detentora de um caráter inviolável que expressa a própria inviolabilidade do Criador. Ainda nesse mesmo documento, se faz menção à vida como um tesouro confiado ao ser humano, o qual, tal como um talento, precisa se desenvolver, produzir. Isso exige compreender que será necessário prestar contas ao Senhor do que se faz com o tesouro que é a nossa vida (cf. Mt 25,14-30; Lc 19,12-27).

Para ler e meditar:
- ✓ Os números 52 e 53 da carta encíclica *Evangelium Vitae*.
- ✓ O número 13 da constituição pastoral *Gaudium et Spes*.

4. MEDITANDO A PALAVRA

Motivar o grupo a conversar e estabelecer um diálogo sobre as questões que seguem, solicitando que anotem o que acharem importante para sua vida e caminhada de fé.

- ✓ O que a Palavra diz para você hoje?
- ✓ Qual é a proposta que Deus te faz sobre a prática do bem?
- ✓ Como o mal se manifesta no mundo? Quais são as suas consequências?
- ✓ Por que Deus se agradou mais da oferta de Abel?
- ✓ O que mais mata as pessoas hoje no mundo? Por quê?
- ✓ O que você percebe sobre a violência nas ruas, nas famílias e no mundo?
- ✓ Como os cristãos reagem diante dessas situações de morte? E como você reage?

Deus quer a vida para todos, e vida plena como encontramos no Evangelho de Jo 10,11; por isso cante com o grupo o refrão: *Eu vim para que todos tenham vida. Que todos tenham vida plenamente.*

5. REZANDO COM A PALAVRA

Com a ajuda das perguntas, convidar o grupo para fazer sua oração, escrever, e depois partilhar com todos.

- ✓ O que a Palavra de Deus faz você rezar hoje?
- ✓ Qual prece irá dirigir a Deus, que quer a vida para todos?
- ✓ Cada um pense sobre sua vida: o que deve mudar para fazer melhor o bem?

Orientar a fazerem preces, louvar a Deus, pedir perdão... Depois, dar tempo para a oração e partilha. Então, rezar de mãos dadas o Pai-nosso.

Incentivar os catequizandos a fazer juntos a oração:

> *Senhor Jesus, Vós nos ensinais a sermos unidos, compassivos, fraternos, misericordiosos e humildes. Dissestes: não deveis pagar o mal com o mal, nem ofensa com ofensa. Por isso, vos pedimos essa graça para a nossa vida, para a comunidade e para a nossa sociedade. Ajudai-nos a sermos bons para com todos, a sermos bênção para os outros. Sede nossa força e iluminai-nos para que possamos amar a vida e viver dias felizes, afastando-nos do mal e fazendo o bem. Amém.*

Concluir este momento convidando o grupo para o abraço da paz, desejando a bênção uns para os outros.

6. VIVENDO A PALAVRA

Orientar o grupo a assumir o compromisso de ler o texto de Gn 4,1-16 em família, conversar sobre os tipos de morte que existem na sociedade de hoje e registrar dados da reflexão para serem partilhados com o grupo de catequese no próximo encontro.

Como ação concreta, combinar com o grupo a visita a um lixão no bairro, ver o que é colocado lá, quem está lá. Refletir depois: como essa situação pode matar?

Para facilitar essa ação, é bom combinar com o grupo a possibilidade de a mãe ou o pai de algum catequizando acompanhar, junto ao catequista.

VOCAÇÃO E MISSÃO DE MOISÉS: LIBERTAR O POVO DE ISRAEL

Sentido do encontro

Moisés foi chamado por Deus para libertar o povo que vivia na escravidão no Egito. Desempenhou a função de mediador e portador da Palavra e da ordem divina, e conduziu os israelitas à liberdade, até a entrada na terra prometida. Ele não só ensinou o povo a viver na obediência e na confiança a Deus, durante a longa caminhada no deserto, como também o ajudou a conhecer de maneira mais íntima e amorosa o Deus que o libertou.

Objetivo

Compreender que somos chamados a colaborar com o projeto de Deus, colocando-nos a serviço de sua Palavra.

Ambientação

Um tecido da cor do tempo litúrgico, Bíblia, vela, flores, um par de sandálias e um cajado.

Acolhida

Acolher os catequizandos com um abraço e dizer a eles que são bem-vindos.

1. OLHANDO PARA A VIDA

Motivar o grupo a conversar e partilhar, a partir do compromisso que foi assumido no encontro da semana anterior. Ouvir as anotações que cada um fez.

2. ORAÇÃO INICIAL

Acende-se a vela...

Para iniciar o momento orante, preparar um canto ou refrão, por exemplo: *Eis-me aqui Senhor*, ou outro à sua escolha.

Em seguida, convidar o grupo a fazer o sinal da cruz, iniciando o encontro em nome da Santíssima Trindade: o Pai, o Filho e o Espírito Santo. Amém!

Rezar com os catequizandos a oração:

> *Senhor Deus, abre nossa mente e nosso coração para que, como Moisés, possamos ouvir a tua Palavra e teu chamado e estarmos sempre prontos para assumir a nossa missão.*

3. ESCUTANDO A PALAVRA

Motivar o grupo para um momento de silêncio, preparando-se para escutar a Palavra.

Convidar um catequizando para, em pé, proclamar o texto bíblico de Ex 3,1-8.13-15.

Solicitar que cada um, em silêncio, leia novamente o texto. Depois, a partir das perguntas, ajudá-los a buscar compreender melhor o que foi lido e pedir que reflitam e anotem as respostas.

- **(a)** Onde Moisés estava e o que ele fazia quando Deus o chamou?
- **(b)** Quem apareceu para Moisés numa chama de fogo? Ele chama Moisés para quê?

Compreendendo a Palavra

Moisés, diante de uma experiência inusitada, e até mesmo sem entender o que estava acontecendo, aproximou-se da sarça ardente, que queimava, mas não se consumia. Inesperadamente, ouviu-se uma voz, que saia do meio do fogo, chamando-o pelo nome: "Moisés! Moisés!", ele prontamente respondeu: "Eis-me aqui!". A repetição do nome acentua a importância do acontecimento e a certeza do chamado. Em toda vocação, aparece essa consciência de pertencer a Deus, que convida para a missão de estar em suas mãos. O Senhor lhe fez um pedido: "tira as sandálias porque o lugar é um solo sagrado" (Ex 3,6). Moisés assim o fez, demonstrando confiança no Senhor. Quando Moisés tirou as sandálias, e seus pés tocaram a terra santa, esse gesto significou que a vida dele se transformaria totalmente, ou seja, ele abandonaria tudo o que o separava de Deus. Ele estava preparado, segundo o Senhor, para seguir os desígnios do Pai. O homem velho deixa o lugar para o homem novo, a vida anterior fica para trás, pode-se caminhar em uma vida nova (cf. Hb 11,27). Tirar as sandálias é acreditar na palavra do Senhor e deixar-se conduzir por Ele, é experimentar a plenitude da presença de Deus em nossas vidas. Diante do fenômeno misterioso da sarça ardente, Deus se revelou a Moisés e o chamou para falar em seu nome. A vocação de Moisés mostra outro aspecto da revelação e do chamado, deixando claro como o Senhor se apresenta: "Eu sou o Deus de vossos pais, o Deus de Abraão, o Deus de Isaac e o Deus de Jacó" (Gn 3,13), o mesmo em quem creram seus antepassados. "Eu sou aquele que sou" (Gn 3,14). Todo chamado divino leva consigo a iniciativa de intimidade na qual o Senhor se dá a conhecer. Cada um de nós também é chamado por Deus para realizar uma missão, pois Ele conta com pessoas comuns que aceitam o seu convite para seguir os seus passos. Que nossos corações estejam cheios do fogo abrasador que encheu o coração de Moisés e o fez apaixonado e entusiasmado pela causa do Senhor.

Para aprofundar e refletir

A vocação de Moisés nos permite apreciar os elementos fundamentais que encontramos em todo chamado para assumir os planos de Deus. Sabemos que Deus vai conduzindo a história do seu povo e o acompanha, importa-se com ele diante das situações de injustiça, de escravidão. Perante a realidade dura do povo no Egito, Deus decide agir em seu favor e prepara para seu povo um libertador, Moisés. Para realizar o seu plano em favor do seu povo, Moisés é chamado por Deus do meio da sarça ardente, quando Ele fala com Moisés face a face, como um homem fala com o outro (cf. Ex 33,11). Assim, Deus chama e envia o seu servo Moisés para compartilhar da sua compaixão e da sua obra de salvação, porque Ele é o Deus vivo, que quer a vida de todos. Moisés, segundo se sabe, é "um homem muito humilde, o mais humilde dos homens que havia na Terra" (Nm 12,3); e no livro do Deuteronômio encontramos que: "Não voltou a surgir em Israel profeta semelhante a Moisés, com quem o Senhor tratasse face a face. Ninguém foi semelhante a ele quanto aos sinais e prodígios que o Senhor enviara a realizar na terra do Egito" (cf. Dt 34,10-11a).

Ler e meditar:
- ✓ O número 2575 do Catecismo da Igreja Católica.
- ✓ Os números 111 e 129 do Documento de Aparecida.

4. MEDITANDO A PALAVRA

Conversar com os catequizandos a partir das perguntas a seguir, para ajudá-los a meditar a Palavra de Deus proclamada:
- ✓ O que a Palavra diz para você hoje?
- ✓ Como aconteceu o encontro de Deus com Moisés?

- ✓ O que significa tirar as sandálias, nos tempos de hoje?
- ✓ Deus vem ao nosso encontro também hoje? Por quê? Como?
- ✓ Como podemos escutar a voz de Deus?
- ✓ O que Deus pede hoje para os cristãos?

Ao apresentar aos catequizandos as sandálias, explicar que, além de todo o significado citado sobre elas, as sandálias também simbolizam a missão. Em seguida, falar sobre o cajado, que, nas mãos de Moisés, representava o poder de Deus e sua ação (cf. Ex 9,15). O cajado era apenas um instrumento por meio do qual Deus tornava manifesto seus milagres (cf. Ex 4,3; 4,17; 7,10; 17,18 etc.).

5. REZANDO COM A PALAVRA

Motivar cada um do grupo a, em silêncio, pensar e rezar a partir da meditação da Palavra de Deus: o que vamos dizer, pedir ou agradecer?

Incentivá-los a estabelecer um diálogo com Deus, dizendo que Ele quer nos ouvir. Mencionar que é preciso também aprender a escutar o que Ele tem a nos falar para entendermos o que deseja que cada um faça. Assim, escutando o Senhor como Moisés, podemos responder: *Senhor, eis-me a aqui!*

Orientar a escreverem a prece e partilharem com o grupo. Após cada partilha, dizer juntos: *Senhor, eis-me a aqui!*

Concluir este momento orante com a benção do livro dos números, dizendo juntos:

> *"O Senhor nos abençoe e nos guarde. Mostre-nos a sua face e tenha misericórdia de nós. Volte para nós o seu olhar e nos dê a paz"* (Nm 6,24-26).

Canto: *Desamarrem as sandálias.*

6. VIVENDO A PALAVRA

Convidar o grupo para, à luz do texto bíblico meditado, em que Moisés ouviu a voz do Senhor e se colocou como o libertador do povo no Egito, conduzindo os israelitas para uma terra espaçosa onde corria leite e mel, nós também, em resposta a essa Palavra, vamos assumir um gesto concreto. Propor que cada um:

- ✓ Ajude uma pessoa ou uma família naquilo que mais precisar.

No próximo encontro, partilhar com o grupo o que sentiu ao ajudar alguém.

OS PROFETAS ANUNCIADORES DA VERDADE E DA JUSTIÇA

Sentido do encontro

Os profetas são pessoas que conhecem a realidade e a confrontam com o projeto de Deus. Na Bíblia, os profetas eram aqueles chamados a comunicar a Palavra de Deus, falando em seu nome: era Deus que falava pela boca dos profetas. Em nome de Deus, os profetas defendiam o povo esquecido, injustiçado e empobrecido, e criticavam os poderosos que enganavam e prejudicavam a vida do povo. Isaías é considerado o maior profeta de Israel. Sua vocação surgiu a partir de uma visão, que nele despertou a consciência da santidade de Deus, do pecado do povo e da necessidade da conversão.

Objetivo

Compreender que Deus, ao longo da história, suscita profetas que anunciam a verdade, denunciam as injustiças e alimentam a esperança do povo.

Ambientação

Bíblia, vela, um vaso com uma planta bem seca e outro com flores bem viçosas, e um tecido da cor do tempo litúrgico.

Acolhida

Iniciar dizendo: queridos catequizandos, é muito bom nos encontrarmos mais uma vez esta semana, para juntos ouvirmos e refletirmos sobre a Palavra do Senhor. No encontro de hoje, vamos conhecer como Isaías recebeu sua vocação profética.

1. OLHANDO PARA A VIDA

Motivar o grupo a conversar e partilhar o compromisso que foi assumido no encontro anterior, se conseguiram vivê-lo e como se sentiram nessa vivência. Ainda, convide o grupo para uma conversa informal, sobre algum fato importante acontecido na semana.

2. ORAÇÃO INICIAL

Acende-se a vela...

Para iniciar a oração, escolha um refrão meditativo: *Tu és a razão da jornada...* ou outro à sua escolha.

Motivar o grupo a fazer um momento de silêncio. Depois, convidar a traçarem o sinal da cruz e a rezarem juntos a oração:

> *Senhor, Deus da verdade e da esperança, dai-nos a coragem dos profetas para anunciar a vossa palavra neste mundo tão necessitado de amor e de esperança. Ajudai-nos, também, a denunciar as injustiças, o mal e tudo o que prejudica a vida das pessoas e que não for conforme a vossa vontade. Isso nós vos pedimos por Cristo, Senhor nosso. Amém!*

3. ESCUTANDO A PALAVRA

Orientar os catequizandos a ficarem em pé e, após um momento de silêncio, convidar um deles para proclamar o texto bíblico de Is 6,1-8.

A seguir, pedir que cada um, em silêncio, leia e releia o texto. Após esse momento, motivar o grupo para, juntos, procurarem recordar o que foi lido. Cada um lembra uma parte e conta o fato. Depois, orientar o grupo a responder às questões e anotar o que se pede, para melhor compreender o texto bíblico.

- **a** Anote as palavras, os verbos e as expressões do texto que mais chamaram a atenção.
- **b** Recorde o que foi lido e ajude o grupo a contar o fato.
- **c** Quem está envolvido na cena? Onde acontece?
- **d** Qual a resposta de Isaías para Deus?

Compreendendo a Palavra

> *O profeta é chamado do meio do povo por Deus, com a missão de falar em seu nome e levar sua mensagem a todas as pessoas. Em toda a Bíblia e em toda a história, os profetas são pessoas repletas do Senhor e inspiradas pelo seu Espírito, pessoas que fazem a diferença na sociedade, anunciando sua mensagem com muita coragem. Vivendo conforme a vontade de Deus, com fé e astúcia, denunciam as injustiças e, como críticos e defensores dos pobres que viviam na opressão, lutam por um mundo mais justo e fraterno. O profeta com os olhos de*

Deus sabe interpretar à luz da razão e da fé o momento presente com o olhar voltado para o futuro. Com o testemunho de sua própria vida, por suas palavras, gestos e sinais, eles despertam a consciência das pessoas e provocam a conversão do coração e a transformação social para que o povo de Deus persevere fiel no caminho do Senhor. O profetismo deve ser realizado com autenticidade e dedicação, já que o profeta ajuda os irmãos a vencerem as dificuldades e critica duramente qualquer situação contrária à honra de Deus ou ao bem do povo. Os profetas representam o ideal de um povo que escuta a vontade de Deus e, sem recorrer à violência, cumprem a justiça. Eles são como uma ponte entre Deus e o povo, entre o céu e a terra. São os que sabem ler e interpretar os sinais dos tempos. Assim foi o profeta Isaías, o profeta da esperança: combateu as injustiças sociais de seu tempo, chamou o povo ao arrependimento e anunciou que um Rei glorioso viria restaurar a ordem do mundo e a esperança no Messias prometido.

Para aprofundar e refletir

Ser profeta é anunciar e testemunhar com a própria vida a experiência do amor de Deus, que se manifestou na história e, de modo definitivo, na vida, morte e ressurreição de Jesus. O Documento de Aparecida enfatiza que, como profetas e cristãos, somos portadores da mensagem do Senhor para a humanidade e que nossa missão no mundo se concretiza pelo testemunho e por atividades que contribuem para a transformação das realidades visando ao desenvolvimento de estruturas justas de acordo com a proposta do Evangelho (cf. DAp, n. 30 e 210).

Sobre isso nos ensina o Catecismo da Igreja Católica, que a luz e força dos profetas provêm de estar em contato íntimo com Deus, de sua oração que se constitui como escuta da Palavra do Senhor e como intercessão para que o Senhor realize a sua intervenção. João Paulo II sublinhou que no povo de Deus "a comunhão e a missão estão profundamente unidas entre si... A comunhão é missionária e a missão é para a comunhão" (ChL, n. 32). A missão do profeta é de anunciar, levar a boa-notícia a todas as nações, como encontramos no livro do profeta Isaías: "O Espírito do Senhor Deus está sobre mim, porque o Senhor me ungiu. Enviou-me para levar a Boa Nova aos pobres, para curar o de coração quebrantado, proclamar aos cativos a libertação, aos encarcerados a liberdade" (Is 61,1). E ainda: "Como são formosos, sobre os montes, os pés do mensageiro que anuncia a paz, do que anuncia coisas boas e proclama a salvação, dizendo a Sião: o teu Deus começou a reinar!" (Is 52,7).

Para ler e meditar:
✓ O número 2584 do Catecismo da Igreja Católica.
✓ O número 210 do Documento de Aparecida.

4. MEDITANDO A PALAVRA

Após ter escutado a Palavra, ajudar os catequizandos a meditar e a atualizar essa Palavra para a sua realidade e para a realidade de hoje. Facilite para que todos se envolvam no diálogo, dando cada um sua contribuição.

- ✓ O que a Palavra diz para você hoje?
- ✓ De acordo com o texto, o que os serafins proclamaram?
- ✓ O que tocou os lábios de Isaías para purificá-los?

A seguir, mostrar aos catequizandos o vaso com a planta seca e perguntar: o que deve ter acontecido para que essa planta ficasse tão seca e sem vida? Com certeza vão dizer que é falta de água. Em seguida, mostrar o vaso com a planta florida e perguntar se ela precisa de água; refletir então que a beleza das flores mostra que a planta tem recebido cuidados e água, mas que continua precisando de água para não morrer.

Relacionar as perguntas feitas com o papel do profeta e explicar: a planta seca representa o povo sem vida e escravizado pela ambição de muitos poderosos. O profeta é capaz de denunciar as injustiças, a dor e o que causa sofrimento no povo. A planta florida representa a ação de Deus no mundo que, por meio dos profetas, traz esperança e liberdade ao povo. Reforçar que, assim como a planta florida continua precisando de água para não morrer, para mantermos a esperança, nós precisamos permanecer unidos a Deus com muita oração.

5. REZANDO COM A PALAVRA

Convidar cada um do grupo para, em silêncio, fazer uma oração, pedindo a Deus a purificação de seus lábios para serem portadores da voz de Deus no mundo.

Após um tempo de silêncio e oração, solicitar que realizem a partilha com o grupo, espontaneamente. A seguir, motivar a rezarem juntos, bendizendo a Deus pelo chamado que faz a cada um, dizendo:

> *Bendizemos a Deus, que nos chamou para sermos instrumentos do seu Reino de amor e de vida, de justiça e de paz.*

> *Dai-nos, Senhor, coragem e ânimo para anunciar com alegria a vossa Palavra. Amém!*

Motivar a rezarem a oração do Pai-nosso pedindo que sempre possamos fazer a sua vontade. Concluir com um canto à escolha.

6. VIVENDO A PALAVRA

Como compromisso para a semana, para continuar a reflexão sobre os profetas, pedir que procurem pesquisar sobre a vida de alguns profetas do nosso tempo: Dom Helder Camara, Ir. Dulce dos Pobres, Madre Teresa de Calcutá, Dom Pedro Casaldáliga, Dr.ª Zilda Arns. Cada catequizando poderá escolher um desses nomes e fazer uma pesquisa sobre a vida deles: o que fizeram? Como viveram?

Cada um fará suas anotações para serem partilhadas no próximo encontro do grupo.

A IGREJA, CORPO DE CRISTO

Sentido do encontro

Paulo, ao comparar a Igreja com o corpo de Cristo, indica que há um laço de intimidade entre a Igreja e Cristo. A Igreja não é somente congregada em torno dele, é unificada nele, em seu corpo. O Apóstolo afirma que a "unidade do Corpo não acaba com a diversidade dos membros" (CIgC, n. 791). Na Igreja, portanto, há uma variedade e uma diversidade de tarefas e de funções. Não há a plena uniformidade, mas a riqueza dos dons que distribui o Espírito Santo da conversão.

Objetivo

Compreender a imagem da Igreja como corpo de Cristo, no qual Ele próprio é a cabeça, e nós, os seus membros.

Ambientação

Um tecido da cor do tempo litúrgico, Bíblia, vela, flores, um quadro de Jesus, do papa e do bispo de nossa arquidiocese.

Acolhida

Acolher alegremente cada catequizando e catequizanda.

1. OLHANDO PARA A VIDA

Motivar o grupo a, neste primeiro momento do encontro, cada um partilhar o que encontrou na pesquisa sobre a vida e missão dos profetas de hoje, conforme o nome que cada um escolheu.

Ajudar o grupo a, após a partilha, identificar as características principais desses profetas.

2. ORAÇÃO INICIAL

Acende-se a vela...

Convidar o grupo para um momento de silêncio. Depois, motivar a fazerem o sinal da cruz, pedindo as luzes do Espírito Santo, e a cantar: *A nós descei, Divina Luz...,* ou outro refrão à escolha. Após o canto, rezar com o grupo:

> *Senhor, nós te pedimos: ajuda-nos a sermos membros vivos do teu corpo, ligados uns aos outros pela força do amor que o Espírito Santo derrama nos nossos corações* (cf. Rm 5,5).

3. ESCUTANDO A PALAVRA

Motivar todos a ficarem em pé e fazerem um momento de silêncio, preparando-se para escutar a Palavra. Na sequência, convidar um catequizando para proclamar o texto bíblico 1Cor 12,27-31.

Na sequência, pedir para cada um, em silêncio, ler mais uma vez o texto bíblico, prestando atenção e anotando as palavras e expressões mais importantes, seguindo as questões sugeridas:

- **(a)** Quais palavras ou expressões mais chamaram a sua atenção?
- **(b)** Qual versículo mais chamou a sua atenção?
- **(c)** Deus dispôs quais funções citadas no texto?
- **(d)** Sobre o que é o texto que acabamos de ler?

Compreendendo a Palavra

A imagem de corpo descrita por São Paulo na primeira Carta aos Coríntios nos ajuda a entender a dimensão profunda da ligação entre Igreja-Cristo (cf. 1Cor 12). É importante destacar que, antes de tudo, o corpo nos chama para uma realidade viva. Portanto, quando se fala em Igreja como corpo de Cristo, afirma-se que ela é um corpo vivo que caminha e age na história. Como em um corpo é importante a passagem da seiva vital, devemos permitir que Jesus opere em nós, que a sua Palavra nos guie, que sua presença na Eucaristia nos alimente espiritualmente, nos dê ânimo e coragem, e que seu amor nos fortaleça no amor ao próximo (cf. FRANCISCO, 2013a). A Igreja é uma comunidade, um corpo espiritual. Nossa união com Cristo é como a união da cabeça com o corpo. E, assim como é impossível um corpo sobreviver separado da cabeça, os cristãos jamais serão Igreja e nem alcançarão a salvação se estiverem separados de Cristo, pois nossa união com Jesus é vital, é d'Ele que vem a vida que nos vivifica como Igreja, corpo místico de Cristo. Paulo, nessa narrativa, expõe também uma variedade de dons espirituais. Ele mostra que há uma diversidade de dons, mas um mesmo Espírito que opera tudo em todos. Há uma comunhão e uma unidade, isto é, todos estão em relação uns com os outros e todos combinam para formar um único corpo vital profundamente ligado a Cristo. Ser parte da Igreja quer dizer estar unido a Cristo e receber d'Ele a vida divina que nos faz viver como cristãos. Sob essa perspectiva, o Senhor Deus estabeleceu os ministérios, isto é, separou talentos que supram as necessidades da Igreja e a façam crescer de modo saudável.

Para aprofundar e refletir

O Concílio Vaticano II apresentou várias imagens, figuras, para falar da Igreja, entre elas, a Igreja como o corpo místico de Cristo, e assim afirma: "A cabeça deste corpo é Cristo. Ele é a imagem do Deus invisível e n'Ele foram criadas todas as coisas. Ele é antes de todos. E todas as coisas n'Ele subsistem. Ele é a cabeça do corpo que é a Igreja. É o princípio, o primogênito de entre os mortos, de maneira que tem a primazia em todas as coisas (cf. Col 1,15-18). Pela grandeza de seu poder, domina as coisas do céu e da terra. E por sua supereminente perfeição e operação, enche todo o corpo das riquezas da sua glória (cf. Ef. 1,18-23)" (LG, n. 15). Essa imagem da Igreja como corpo de Cristo faz com que todos os seus membros estejam unidos à cabeça, que é Cristo, n'Ele sejam formados, vivam os mesmos sentimentos e configurem-se cada vez mais com Ele, assumindo suas dores, tribulações, até com Ele ressuscitar. Todo cristão batizado é chamado a contribuir para a unidade desse corpo, todos são chamados a trabalhar para a sua edificação, valorizando os dons que o Espírito distribuiu a cada um conforme Ele quis. "Ainda peregrinos na terra, seguindo as suas pegadas na tribulação e na perseguição, associamo-nos nos seus sofrimentos como o corpo à cabeça, sofrendo com Ele, para com Ele sermos glorificados (cf. Rom 8,17)" (LG, n. 7).

Ler e meditar:
- ✓ O texto de 1Coríntios 12,12-26.
- ✓ O texto de Gálatas 4,19.
- ✓ Os números de 15 a 17 da constituição dogmática *Lumen Gentium*.
- ✓ O número 792 do Catecismo da Igreja Católica.

4. MEDITANDO A PALAVRA

Motivar o grupo a conversar e refletir sobre o que leu na Palavra de Deus, estabelecendo um diálogo entre os catequizandos, a partir das questões:
- ✓ O que a Palavra diz para você hoje?
- ✓ O que leva alguém a querer fazer parte da Igreja como corpo de Cristo?
- ✓ Você se sente parte desse corpo? Por quê? De que forma?
- ✓ Qual é o nome do papa atual?
- ✓ Como você sente que o papa mantém a Igreja – que somos todos nós – unida a Cristo?

Concluir este momento de reflexão e diálogo com o canto *Agora é tempo de ser Igreja...*

5. REZANDO COM A PALAVRA

Convidar o grupo a olhar para o espaço onde estão as imagens ou quadros do papa e do bispo, que são os representantes de Cristo na Igreja. Explique que, como pastores, eles têm a missão de conduzir a Igreja no mundo. Por isso todos nós devemos rezar por eles e por toda a Igreja, para que ela se mantenha viva e perseverante na missão. Pedir que cada um faça sua oração em silêncio e, em seguida, partilhe com o grupo.

Incentivar cada um a fazer sua oração silenciosa, escrevê-la e, em seguida, partilhar com o grupo.

Se considerar possível, após a partilhar propor ao grupo cantar: *Jesus Cristo, ontem, hoje e sempre...,* pois esse canto expressa o sentido da Igreja, corpo de Cristo.

Concluir este momento orante com a seguinte oração:

> *Senhor Deus, que nos reunistes como filhos em vosso Filho unigênito, Jesus Cristo, dai-nos a graça de amar todas as pessoas, reconhecendo que cada uma é Igreja, corpo de Cristo. Amém!*

6. VIVENDO A PALAVRA

Ao fim deste encontro, motivar o grupo a, como compromisso da semana, ler o texto bíblico em casa, com a família, e procurar perceber quais os dons de cada um e como podem ser colocados a serviço da Igreja, corpo de Cristo.

A VIDA E O TESTEMUNHO DA PRIMEIRA COMUNIDADE-IGREJA

Sentido do encontro

Deus quer que todas as pessoas se reconheçam como pertencentes à grande família humana, na qual cada um é único e tem seu papel próprio em favor do bem comum. A vivência dos primeiros cristãos, com seu testemunho de fraternidade, deve servir de modelo para nossa vida em família, em comunidade e no mundo.

Objetivo

Compreender que todos formamos uma grande família humana, sustentada pelo amor, pela fraternidade e pela partilha.

Ambientação

Bíblia, vela, flores, figura de igreja, nomes de pessoas conhecidas da comunidade, um pão. Dispor folhas de papel em branco para desenhar.

Acolhida

Acolher os catequizandos com empatia, manifestando a alegria do reencontro.

1. OLHANDO PARA A VIDA

Motivar o grupo a conversar sobre a semana que passou, trazer algum fato ou acontecimento importante; partilhar como foi a conversa em família, a partir da leitura da Palavra, e a identificação dos dons de cada um.

2. ORAÇÃO INICIAL

Acende-se a vela...

Convidar o grupo para o silêncio e oração pessoal, pode ser colocado uma música ambiente ou propor um refrão meditativo como *"Onde reina o amor"* ou outro à escolha.

A seguir, motivar a fazer o sinal da cruz lembrando que é em nome da Trindade que estamos reunidos.

3. ESCUTANDO A PALAVRA

Em atitude de escuta e abertura para acolher a mensagem do Senhor, convidar um catequizando para proclamar a Palavra de At 4,32-37.

A seguir, incentivar o grupo a fazer a leitura mais uma vez, cada um lendo um versículo. Na sequência, orientar a retomarem o texto bíblico e procurarem identificar e anotar:

a O que diz o texto?

b Algum gesto, ação ou palavra chamou a sua atenção?

c Como vivia essa comunidade? As pessoas se preocupavam somente consigo mesmas ou com todos?

Compreendendo a Palavra

O texto bíblico nos apresenta o modelo de comunidade a ser seguido. A comunidade dos seguidores de Jesus vivia o ideal da comunhão, não havia exclusão, tinham um só coração e uma só alma. Entre eles tudo era colocado em comum. À medida que a comunidade crescia e amadurecia na fé e na vida de seguimento de Jesus, testemunhava a comunhão e a partilha dos bens de modo que ninguém passava necessidade.

Os elementos fundamentais desta comunidade eram o sentido de pertença, um só corpo, uma só família, uma só comunidade, e o desejo de viver o ensinamento de Jesus: "Que todos sejam um: como tu, ó Pai estás em mim e eu em ti, que também eles estejam em nós, para que o mundo creia que tu me enviaste" (Jo 17,21). O desejo de Deus é que vivamos a comunhão com nossos irmãos, o que significa que todos nós devemos estar reunidos com o mesmo propósito. E para que possamos viver harmoniosamente, sempre com esse mesmo propósito, precisamos cuidar uns dos outros. Todo batizado, membro da comunidade cristã, é chamado a fazer essa experiência de vida, crescer na vida de comunhão, de partilha, para que todos vivam a dignidade de ser filhos de Deus. Precisamos aprender a cada dia a dividir com nossos irmãos, para que ninguém passe necessidade.

Os bispos latino-americanos, reunidos em Aparecida do Norte, em 2007, falaram sobre a vida e o testemunho das primeiras comunidades cristãs e nos ajudam a refletir e pensar. Eles dizem: "Igual às primeiras comunidades de cristãos, hoje nos reunimos assiduamente para escutar o ensinamento dos Apóstolos, viver unidos e tomar parte no partir do pão e nas orações (At 2,42)" (DAp, n 158). A comunidade cristã se alimenta do pão da Palavra, do pão da Eucaristia, da oração em comum e na prática da caridade, da partilha entre todos. É nesse modelo de comunidade que se constróem novas relações, comunidades vivas, e se dinamiza a missão.

A Igreja é a comunidade dos discípulos e discípulas de Jesus, o lugar da vivência fraterna, do acolhimento, do perdão, da partilha e do testemunho de uma vida conforme o Evangelho.

Ler e meditar:
- ✓ O número 158 do Documento de Aparecida.
- ✓ Os números de 19 a 24 das Diretrizes da Ação Evangelizadora da Igreja no Brasil 2019-2023.

4. MEDITANDO A PALAVRA

Favorecer que o grupo converse e reflita a partir das questões que seguem, para melhor compreender a Palavra de Deus para nós hoje.

- ✓ O que a Palavra nos pede hoje?
- ✓ Conhecemos a nossa comunidade-Igreja? Como está organizada?
- ✓ Ela assemelha-se ao jeito da comunidade cristã sobre a qual lemos hoje?
- ✓ Quais as dificuldades para vivermos e testemunharmos esse modo de ser comunidade-Igreja?

Motivar os catequizandos a fazerem um desenho que represente sua comunidade. Pedir para escreverem quais devem ser as atitudes de uma comunidade cristã e relacionarem quais atitudes não condizem com a comunidade cristã.

5. REZANDO COM A PALAVRA

Motive o grupo a orar a partir da leitura e meditação da Palavra de Deus de hoje. Peça que cada um, em silêncio, faça sua oração buscando responder: que oração a Palavra faz você dizer a Deus?

Orientar que a resposta pode ser de louvor, súplica, agradecimento ou pedido de perdão. Em seguida, convidar um catequizando para erguer o pão e todos a estenderem a mão e rezar:

Senhor Jesus, Vós ensinastes a partilhar a vida, os bens e o alimento de modo que ninguém passasse necessidade e todos pudessem ter vida, nós vos pedimos: dai o pão a quem tem fome e fome de verdade e de justiça a quem tem pão, derramai vossa bênção sobre o pão que partilharemos entre nós e fortalecei-nos na união e na partilha com os que não têm. Amém!

Partilhar o pão entre os catequizandos, distribuindo um pedaço para cada um e, em silêncio, todos comem. Concluir este momento rezando com o grupo a oração Pai-nosso.

Apresentar a letra do canto *Os cristãos tinham tudo em comum*. Cantar com o grupo e comentar que esse canto expressa aquilo que refletimos no encontro: uma comunidade que coloca tudo em comum para o bem de todos.

6. VIVENDO A PALAVRA

Motivar o grupo a, como compromisso da semana, conversar em família sobre o encontro de hoje.

Incentivar a procurarem em casa roupas e calçados em bom estado que possam ser doados e/ou alimentos para trazer no próximo encontro. Essas doações serão entregues a uma família com necessidade ou à comunidade, para serem destinadas aos que precisam.

Desafiar o grupo a, ao longo da semana, procurar conhecer melhor a própria comunidade, saber como está organizada e quais serviços precisam de ajuda.

SACRAMENTO DO SERVIÇO: MATRIMÔNIO E ORDEM

Sentido do encontro

Neste encontro iremos conhecer e aprofundar o sentido dos Sacramentos da Ordem do Matrimônio. Eles são conhecidos e compreendidos como os Sacramentos do Serviço e Comunhão, pois dão a graça para a pessoa desenvolver sua vocação na sociedade, servindo aos irmãos e irmãs. Por meio dos Sacramentos da Ordem e do Matrimônio, Jesus Cristo age, pelo seu Espírito, e atinge, ilumina e anima a comunidade eclesial.

Objetivo

Compreender o sentido dos Sacramentos do Serviço e sua importância para a comunidade.

Ambientação

Bíblia, vela, flores, estola, um par de alianças, fotos ou imagens da celebração desses sacramentos.

Acolhida

Acolher a todos com alegria.

1. OLHANDO PARA A VIDA

Estabelecer uma conversa com o grupo, retomando os compromissos do encontro anterior. Motivar a partilha de algum fato importante que aconteceu na semana, alguma situação que mereça ser destacada. Retomar o compromisso do encontro anterior: como foi a conversa com a família sobre o que aprenderam no encontro anterior?

Verificar se alguém trouxe roupas ou alimentos para serem doados, recolher e descobrir juntos uma família para doar.

Perguntar se alguém conseguiu conhecer melhor a comunidade. Como foi?

A seguir, apresentar o tema deste encontro sobre os Sacramentos do Matrimônio e Ordem, dizendo sobre a importância de conhecer e aprender mais sobre esses dois sacramentos e sua importância na vida das pessoas e da comunidade.

2. ORAÇÃO INICIAL

Acende-se a vela...

Iniciar este momento colocando uma música ambiente ou propondo um refrão meditativo (sugere-se: *Aquele que vos chamou...*") para ajudar o grupo a criar uma atitude orante, para que o encontro seja frutuoso.

A seguir, convidar para fazerem o sinal da cruz, sinal do cristão. Depois incentivar que observem os símbolos colocados no espaço do encontro e, olhando para eles, rezem em silêncio.

Convidar para invocarem o Espírito Santo de Deus sobre o encontro e sobre cada catequizando, cantando: *Vem Espírito Santo, vem, vem iluminar...* ou outro canto à escolha.

3. ESCUTANDO A PALAVRA

Convidar dois catequizandos para proclamarem um dos textos bíblicos que vai lhes indicar.

Motivar o grupo a escutar com atenção a Palavra que será proclamada.

Proclamar os textos bíblicos de Gn 2,18-24 e 1Cor 7,32.

Pedir para, em silêncio, cada catequizando reler os textos que foram proclamados.

Conversar com o grupo para que expressem o que leram, o que chamou mais a atenção, e façam suas anotações.

Compreendendo a Palavra

Em Gn 2,18-24, está apontada a íntima complementariedade e a força misteriosa do amor entre duas pessoas – homem e mulher – celebrada no antigo hino nupcial do versículo 23. Em hebraico, homem é "ish" e mulher é "ishá". O homem e a mulher nus, sem motivos para se envergonhar, indicam a plena dignidade de ambos. O gesto de um esposo e de uma esposa de se doarem no amor e de constituírem família é sinal do amor de Deus para com a humanidade. Portanto, é sacramento. E o próprio Deus escolheu esse exemplo para falar do seu amor pelo seu povo (cf. BORTOLINI; BAZAGLIA, 2001, p. 132).

O Sacramento do Matrimônio é um dom para a santificação e a salvação do casal, que, pelo sinal sacramental, expressa a mesma relação entre Cristo e sua

Igreja, é um chamado para uma vocação específica de viver o amor conjugal. Vivido na fé, nos ajuda a entender a vivência do amor no matrimônio como participação e como sinal do Deus amor-Aliança manifestado em Cristo: "O autêntico amor conjugal é assumido no amor divino e é sustentado e enriquecido pela força redentora de Cristo" (GS, n. 48).

Ordem – todos nós, pelo Batismo, somos chamados à salvação. O Sacramento da Ordem é um chamado de Deus para o serviço total na Igreja, utilizando toda a sua vida e seu tempo à causa do Povo de Deus, buscando a perfeição que o Evangelho ensina e a própria santificação. Para isso, recebem o Sacramento da Ordem. Todos os ministérios na Igreja são participação na diaconia, no serviço, de Cristo. O sacerdócio é, na Igreja, um ministério ordenado, um dom de Deus, um sacramento que está ligado ao ministério apostólico. Jesus Cristo é "único mediador entre Deus e os homens" (1Tm 2,5). O sacerdócio ministerial está sempre a serviço do sacerdócio batismal para todos os fiéis.

Para aprofundar e refletir

O Matrimônio é o sacramento que une os esposos, é um dom de Deus e uma vocação específica de viver o amor conjugal com plena liberdade. É uma aliança que possibilita ao homem e à mulher uma comunhão entre si para toda a vida. Essa opção, essa escolha, deve ser fruto de um discernimento pessoal e vocacional. A vocação para o matrimônio está inscrita na própria natureza do homem e da mulher, conforme saíram da mão do Criador. O casamento não é uma instituição simplesmente humana, mas também divina, e está enraizada na graça do Batismo, que estabelece a Aliança fundamental de cada pessoa com Cristo na Igreja.

A Ordem é o sacramento de quem escolhe, faz a opção de ser padre, sacerdote, presbítero. Na Bíblia, encontramos o termo "presbítero" para designar o ancião, o adulto já experimentado na vida que se tornou sábio, mestre, conselheiro e guia. Será pastor e guia da comunidade. O presbítero é chamado de padre. Ele será o pai espiritual, que deve gerar, nutrir, educar, organizar e conduzir uma comunidade de batizados. A cerimônia chama-se ordenação, pois introduz numa "ordem", no presbitério, como colaborador direto do bispo. Todos os ministérios na Igreja são participação no serviço de Cristo. O específico de um ministério é o serviço, servir. O Sacramento da Ordem compreende três graus: o episcopado, o presbiterado e o diaconato. São um dom de Deus que cada um assume em vista de ajudar o povo de Deus que lhes foi confiado.

Ler e meditar:
✓ Os números 1536, 1601, 1603 e 1063 do Catecismo da Igreja Católica.
✓ Os números 72 e 73 da exortação apostólica pós-sinodal *Amoris Laetitia*.
✓ O número 17 da exortação apostólica pós- sinodal *Pastores Dabo Vobis*.

4. MEDITANDO A PALAVRA

A partir das questões aqui apresentadas, estabeleça com o grupo um diálogo, procurando aprofundar mais o sentido desses sacramentos.

- ✓ O que esperam os jovens, homens e mulheres, ao celebrar o matrimônio?
- ✓ Quem celebra o matrimônio? Por quê?
- ✓ O que é preciso fazer para que o matrimônio seja bem vivido?
- ✓ O que esperam aqueles que optam pelo Sacramento da Ordem?
- ✓ O que você sabe sobre o(s) padre(s) de sua paróquia: nome(s) e o que faz (em)? Comente.

Preparar um cartaz com imagens e cenas de celebração do matrimônio e também de ordenações diaconal, presbiteral e episcopal. Na sequência, motivar o grupo a participar da produção de um cartaz aproveitando as imagens e fotos das celebrações desses sacramentos. Nesse cartaz, poderão escrever frases sínteses e importantes de serem memorizadas sobre esses sacramentos e sua importância para as pessoas e a comunidade. O cartaz poderá ficar exposto na sala de catequese.

5. REZANDO COM A PALAVRA

Motivar o grupo a, com base no que foi refletido no encontro, fazer agora sua oração a Deus, propondo um momento de silêncio para que cada um possa rezar e escrever sua oração.

Em seguida, convidar os catequizandos para apresentarem suas preces espontâneas pedindo a Deus pelo pároco de sua comunidade e pelos casais, pela família. Após cada prece, todos respondem: *Senhor, confirmai-nos no amor e no serviço.*

6. VIVENDO A PALAVRA

Para o compromisso da semana, incentivar o grupo a reler em casa, com a família, os textos bíblicos do encontro e comentar sobre eles. Pedir que anotem alguma dúvida ou perguntas que gostariam de maior esclarecimento, para serem retomadas no próximo encontro de catequese.

SACRAMENTO DA CURA: UNÇÃO DOS ENFERMOS

Sentido do encontro

O Sacramento da Unção dos Enfermos está relacionado a uma das experiências humanas mais sentidas: a fragilidade do ser humano. O homem, em seu íntimo, experimenta uma finitude radical. A Unção dos Enfermos é sacramento da graça de Deus na vida de quem está enfraquecido ou doente, e é também sacramento da esperança, ajudando a pessoa a enfrentar a doença e a entregar sua vida, confiante, nas mãos de Deus.

Objetivo

Reconhecer a Unção dos Enfermos como o sacramento da esperança, que ajuda o doente a enfrentar a doença e a entregar-se confiante nas mãos de Deus.

Ambientação

Bíblia, vela, flores, tecido roxo, crucifixo, um frasquinho com óleo, imagens de pessoas doentes e cuidadores de idosos e de enfermos.

Acolhida

Receber os catequizandos com frases de boas-vindas direcionadas a cada um.

1. OLHANDO PARA A VIDA

Na alegria do reencontro, motivar o grupo a partilhar como foi a conversa em casa sobre os textos bíblicos do encontro anterior e se alguém tem dúvidas ou perguntas para conversar e esclarecer.

Na sequência, indicar sobre qual assunto será refletido no encontro e fazer as perguntas: já ouviram falar da Unção dos Enfermos? O que sabem sobre esse sacramento? Motivar o grupo a manifestar o que sabe.

2. ORAÇÃO INICIAL

Acende-se a vela...

Convidar o grupo para se colocar em uma atitude de oração, fazendo silêncio e preparando-se para ouvir e meditar a Palavra de Deus.

Pode ajudar neste momento uma música instrumental ou um refrão meditativo, como sugestão: *Não te perturbes, nada te espante...*

Convidar o grupo para fazer o sinal da cruz.

A seguir, motivar a lembrarem nomes de pessoas ou realidades da comunidade que precisam de atenção e oração, especialmente doentes e idosos. Para essas pessoas e para as que não conhecem, rezar uma Ave-Maria.

3. ESCUTANDO A PALAVRA

Oriente o grupo a ouvir e meditar a Palavra. Neste momento, pode ser apresentado um canto. Sugere-se: *Fala, Senhor, Palavra de fraternidade...*

Convide alguém do grupo para proclamar o texto bíblico de Tg 5,13-18.

Motivar outro catequizando a ler mais uma vez o texto. Em seguida, propor uma conversa sobre o texto bíblico, a partir dos pontos a seguir, e pedir que anotem em seus livros o resultado da reflexão.

- **a** O que diz o texto?
- **b** Quais são os verbos e as expressões mais fortes do texto?
- **c** Anote as palavras mais importantes e os verbos que indicam ações concretas.

Compreendendo a Palavra

O autor nos fala sobre a força da oração. Primeiramente, refere-se a uma situação de doença na comunidade. Na nota explicativa da Bíblia Pastoral (2014, p. 1486) lemos:

> *Os presbíteros oram e ungem a pessoa doente com o intuito de sua plena recuperação, tanto física como espiritual. Depois, a oração se refere especificamente ao perdão dos pecados que se experimenta em comunidade. É a partir da experiência do perdão que a oração ganha força.*

O compromisso de Jesus é com a vida livre e transbordante. Por isso, em suas curas são importantes os gestos. Não se trata apenas de resgatar a saúde, mas o bem-estar por inteiro, a fim de criar homens e mulheres novos. A ação realizada por Jesus visa formar seres humanos livres e responsáveis que assumam e espalhem a boa-notícia aos pobres. Por isso, Ele não se fixa num lugar e vai ao encontro de quem não conhece sua mensagem. Deus vem partilhar a condição humana, sua finitude, sua precariedade, seu sofrimento. Jesus se identifica com o enfermo que é visitado, com o ferido que é tratado, com o sedento que é saciado (cf. Mt 25). Quem pede esse sacramento está lutando contra a dor e sabe que pode ter no Espírito as diversas virtudes necessárias: coragem, paciência, a perseverança, mas também aceitação, confiança e abandono à vontade de Deus.

Para aprofundar e refletir

Na Carta de Tiago, lemos: "Alguém dentre vós está doente? Mande chamar os presbíteros da Igreja para que orem sobre ele, ungindo-o com o óleo em nome do Senhor. A oração da fé salvará o doente e o Senhor o porá de pé; e se tiver cometido pecados, estes lhe serão perdoados" (Tg 5,14-15). O Sacramento da Unção dos Enfermos é conferido às pessoas doentes, especialmente com alguma doença mais grave, ungindo-as na fronte e nas mãos com óleo devidamente consagrado na missa dos santos óleos na Semana Santa. O sacerdote reza junto ao doente, dizendo: "Por esta santa unção e por sua piíssima misericórdia, o Senhor venha em teu auxílio com a graça do Espírito Santo, para que, liberto de teus pecados, Ele te salve e, em sua bondade, alivie teus sofrimentos" (CIgC, n. 1513).

A Unção dos Enfermos pode ser recebida mais de uma vez, é sacramento da graça de Deus na vida de quem está fraco ou doente, dando-lhe assim força e coragem. É importante ajudar os cristãos a compreenderem esse sacramento e a preparar-se bem para recebê-lo. A celebração desse sacramento ajuda o doente, o enfermo, a reanimar sua confiança em Deus e sentir-se fortalecido para vencer as tentações que possam molestar a vida já debilitada da pessoa. A enfermidade pode levar a pessoa à angústia, a fechar-se sobre si mesma e até ao desespero e revolta contra Deus, mas pode também tornar a pessoa mais madura, ajudar a voltar-se para o essencial, a buscar a Deus ou a retornar a Ele. O ministro desse sacramento é o presbítero, pois, por esse sacramento, confere também o perdão dos pecados. A compaixão de Jesus para com os doentes e suas numerosas curas de todo tipo (cf. Mt 4,24) são um sinal evidente de que Deus visitou o seu povo (cf. Lc 7,16) e que o Reino de Deus está próximo.

Ler e meditar:
✓ O texto do Evangelho de Mateus 10,8.
✓ Os números 1513, 1516 e 1517 do Catecismo da Igreja Católica.

4. MEDITANDO A PALAVRA

Conversar com o grupo, ajudando-o a refletir e meditar:

- ✓ O que o texto do Apóstolo Tiago diz para nós hoje? Qual o ensinamento que nos dá?
- ✓ Como lidamos com a realidade da dor, da doença, da fragilidade humana, na família e na comunidade?
- ✓ De acordo com o texto, quem pode ministrar o Sacramento da Unção dos Enfermos?
- ✓ Você sabe como está organizada a Pastoral da Saúde em nossa comunidade, em nossa paróquia?

Comentar com os catequizandos que a enfermidade, a doença, pode levar a pessoa à angústia, a fechar-se sobre si mesma e até ao desespero e revolta contra Deus. Mas pode também tornar a pessoa mais madura, voltando-se para o essencial, buscando Deus ou retornando a Ele.

5. REZANDO COM A PALAVRA

Convidar o grupo para neste momento rezar a partir da Palavra que ouviu e meditou. Para isso, solicitar que façam silêncio, dirigindo sua oração a Deus, e a escrevam. A seguir, convidar para partilharem com o grupo a sua oração.

Incentivar também os catequizandos a fazerem preces, súplicas a Deus, pedindo pela saúde e pela vida das pessoas da comunidade e do mundo. A cada prece, todos respondam: *Senhor, conceda-lhes o dom da saúde e a vida plena.*

Explicar que, diante dos símbolos que estão no espaço, todos são convidados a escutar com devoção a oração que o padre faz quando durante a unção a um doente. Ao impor as mãos sobre a pessoa enferma, reza em silêncio, na fé da Igreja, e depois unge sua fronte e suas mãos com óleo, dizendo:

> *Por esta santa unção e pela sua infinita misericórdia, o Senhor venha em teu auxílio com a graça do Espírito Santo, para que, liberto dos teus pecados, Ele te salve, e na sua bondade, alivie os teus sofrimentos. Amém.*

Concluir este momento orante convidando todos a rezarem juntos pelos doentes do corpo e da alma a oração do Pai-nosso.

6. VIVENDO A PALAVRA

Propor aos catequizandos perguntarem à sua família, aos pais e avós, se já receberam a Unção dos Enfermos e ouvir deles como foi. Após ouvi-los, comente sobre o que aprendeu no encontro sobre esse sacramento.

Motivar, quem sabe como grupo, a nesta semana procurar conhecer e saber como está organizada a Pastoral da Saúde na paróquia. Quem são as pessoas que realizam esse trabalho, o que fazem, quem visita os doentes da comunidade.

A MISSA, PARTICIPAÇÃO NO BANQUETE DE DEUS, SACRIFÍCIO DE CRISTO

Sentido do encontro

A missa não é apenas sacrifício, mas também banquete, festa, refeição alegre, memória da Páscoa de Jesus Cristo. A celebração da Eucaristia é ação de graças pela vitória de Cristo sobre a morte. A missa é memorial do sacrifício de Cristo na cruz, isto é, em cada celebração atualizamos o que Jesus fez por nós e para nossa salvação.

Objetivo

Compreender a missa como memorial do sacrifício de Cristo na cruz e nossa participação no banquete de Deus.

Ambientação

Bíblia em destaque, vela, uma cruz e tarjetas com as palavras "sacerdote", "altar", "cordeiro", "memorial", "sacrifício".

Acolhida

Receber com carinho e motivações de alegria os catequizandos.

1. OLHANDO PARA A VIDA

Iniciar este encontro motivando o grupo a partilhar o compromisso do encontro anterior, perguntando se conseguiram visitar a paróquia e se descobriram como está organizada a Pastoral da Saúde. Deixar o grupo se expressar.

Em seguida, introduzindo o encontro, convidar o grupo para olhar e ler as palavras escritas nas tarjetas, que dizem respeito ao tema do encontro. Converse com o grupo sobre o que significam essas palavras. Após a conversa inicial, o catequista inicia o encontro explicando o termo "sacrifício", palavra que significa "ofício sagrado", oferenda ritual a uma divindade de uma vítima ou pela entrega da coisa ofertada. Associar o termo recordando aos catequizandos do sacrifício de Abraão, quando levou Isaac para o monte, a fim de sacrificá-lo a Deus. A partir dessa retomada, conseguirá explicar o que é ser obediente ao pedido de Deus, como Jesus foi ao se sacrificar por toda a humanidade na cruz. Destacar que, graças a esse sacrifício, somos salvos e libertos do pecado.

2. ORAÇÃO INICIAL

Acende-se a vela...

Procurar criar um clima orante. Convide o grupo a silenciar a mente e o coração. Após, convidar para fazerem o sinal da cruz, lembrando que é o sinal do cristão. Motivar também a lembrar de pessoas, fatos, ou algum acontecimento importante da semana, na família, na escola ou na comunidade.

Com um canto adequado, incentive-os a pedir ao Espírito Santo que ilumine cada um e o encontro.

3. ESCUTANDO A PALAVRA

Iluminados pelo Espírito de Deus, motivar o grupo a escutar com atenção a proclamação do Evangelho segundo São Marcos 14,12-25.

Em seguida, convidar para lerem em silêncio, mais uma vez, o texto e repitam palavras e frases que chamaram sua atenção.

Conversar com o grupo, procurando compreender o texto, e pedir que anotem nos espaços do caderno:

- ✓ O que está acontecendo na passagem lida?
- ✓ Como aconteceu a ceia de Jesus com os doze discípulos?

Compreendendo a Palavra

O Evangelho que hoje partilhamos traz significados e expressões muito usadas em nossa liturgia e na teologia da Igreja. Essas expressões marcam o rito da missa e todo seu simbolismo. Jesus, como bom judeu, sabia observar e guardar todo rito da sua religião. Chegando à festa dos pães sem fermento, Jesus quis repetir a tradicional ceia pascal judaica. Essa festa evoca a memória da libertação do povo do Egito, que, agora em Jesus, encontra seu novo significado. Jesus é o novo e último cordeiro, pela sua doação não haverá mais a necessidade de sacrifícios e derramamento de sangue. Como o cordeiro que não faz escândalo ao ser encaminhado ao matadouro, assim foi Jesus, entregou-se no silêncio, como vítima sem pecado por uma humanidade pecadora. Sabia também que se aproximava o dia da sua partida e não queria deixar seus amigos sozinhos. Conhecia o coração e a vida de cada um daqueles que o seguiam, como também conhece o coração de todos os que viriam depois.

Já na ceia, reunido com os seus, Jesus toma o pão e dá graças, assim como se faz no tradicional rito judaico. Pela entrega na cruz, Jesus expiou todos os pecados da humanidade, pois o seu corpo é nosso alimento, verdadeira comida (cf. Jo 6,55), alimento para a salvação de toda humanidade; seu sangue é derramado em favor de muitos (cf. Mc 14,24). Importante também é a ideia de Aliança. Essa vai muito além, pois Deus fez várias Alianças com seu povo. Isso se reforça na comunhão, pois congregamos na mesma fé, um mesmo corpo, no mesmo Cristo.

Para aprofundar e refletir

O "Prefácio da Páscoa V" nos dá uma grande indicação sobre a Eucaristia e a presença real de Jesus, e da missa como sacrifício pascal. As palavras do prefácio são claras ao afirmar "Pela oblação do seu corpo, pregado na Cruz, levou à plenitude os sacrifícios antigos. Confiante, entregou em vossas mãos seu espírito, cumprindo inteiramente a vossa santa vontade, revelando-se ao mesmo tempo sacerdote, altar e cordeiro" (SAGRADA CONGREGAÇÃO PARA O CULTO DIVINO, 1995, p. 579). Para sustentar a vida dos batizados, a Eucaristia é o alimento diário de quem o procura, é o sacramento por meio do qual Cristo reúne os irmãos à sua mesa para alimentá-los do amor, onde Ele, pessoalmente, está presente e se dá como alimento. Na Eucaristia, atualiza-se o maior ato de amor conhecido: a doação de Cristo por nós. Dá-se como alimento, para se tornar o amigo de qualquer hora. A Eucaristia é "fonte e ápice de toda vida cristã" (SC, n. 47). Ainda, "Os demais sacramentos, assim como todos os ministérios eclesiásticos e tarefas apostólicas, se ligam à sagrada Eucaristia e a ela se ordenam. Pois a santíssima Eucaristia contém todo o bem espiritual da Igreja, a saber, o próprio Cristo, nossa Páscoa" (PO, n. 5). A Eucaristia é banquete e sacrifício.

> Por ser memorial da Páscoa de Cristo, a Eucaristia é também um sacrifício. O caráter sacrificial da Eucaristia é manifestado nas próprias palavras da instituição: "Isto é meu Corpo que será entregue por vós", e "Este cálice é a nova Aliança no meu Sangue, que é derramado por vós" (Lc 22,19-20). Na Eucaristia, Cristo dá esse mesmo corpo que entregou por nós na cruz, o próprio sangue "que é derramado em favor de muitos, para a remissão dos pecados" (Mt 26,28) (CIgC, n. 1365).

Ler e meditar:
- ✓ O texto de Coríntios 11,17-34.
- ✓ Os números 12 a 15 da carta encíclica *Ecclesia de Eucharistia*.
- ✓ Os números 611, 1362, 1363 e 1367 do Catecismo da Igreja Católica.

4. MEDITANDO A PALAVRA

É o momento de refletir, meditar a Palavra de Deus para melhor compreender o verdadeiro sentido e sua importância para nós hoje. Com a ajuda das perguntas que seguem, motivar um diálogo entre o grupo.

- ✓ O que a reflexão deste encontro te ensina?
- ✓ Você entende que a Eucaristia não é somente comungar o corpo de Cristo, mas é a celebração da sua Paixão, Morte e Ressurreição que atualizamos em cada missa?
- ✓ O que significa a Eucaristia, a celebração da missa, para você?
- ✓ Que significados têm as expressões de Jesus: "isto é meu corpo" e "este é meu sangue"?
- ✓ A mesma ceia celebrada por Jesus com seus discípulos é atual. De que modo você pode participar do banquete, da ceia de Jesus?

5. REZANDO COM A PALAVRA

Motivar os catequizandos a, em silêncio e em oração, responderem: o que a Palavra e o encontro de hoje fazem você dizer a Deus?

Convidar os catequizandos para agradecerem a Deus pelo dom da Eucaristia. Motivar o grupo a olhar e contemplar as palavras que compõem o espaço, convidando-os a agradecer a Jesus por sua Paixão, Morte e Ressurreição, seu sacrifício na cruz, para nossa salvação.

Orientar a rezar o Salmo 116(115).

6. VIVENDO A PALAVRA

Como compromisso deste encontro, convidar o grupo para, no próximo domingo, participar da celebração eucarística, como agradecimento a Deus, na sua comunidade, junto à família, participando da experiência deste encontro com o Senhor.

A MESA DA PALAVRA

Sentido do encontro

No início do cristianismo, a Palavra teve importante papel em meio às comunidades nascentes como força, espiritualidade e sustento para a vivência cristã, e assim tem sido ao longo do tempo. Na celebração eucarística, ou missa, há a Liturgia da Palavra, quando Deus fala ao seu povo, e a Liturgia Eucarística, quando Cristo se faz alimento para seu povo. Assim, celebramos de maneira semelhante aos primeiros cristãos, que se reuniam para ouvir os ensinamentos dos Apóstolos, para a fração do pão e para a partilha e comunhão dos bens.

Objetivo

Compreender a importância da Palavra de Deus, seja no contexto litúrgico ou em nossa vida, pela leitura diária e atenta.

Ambientação

Bíblia em destaque, rodeada de flores e alguns frutos (simbolizando a fertilidade da palavra ouvida e os frutos que são gerados).

Acolhida

Fazer uma calorosa acolhida dos catequizandos desejando-lhes um bom encontro.

1. OLHANDO PARA A VIDA

Dedicar um tempo para conversar com o grupo sobre como foi a participação na missa da comunidade, compromisso assumido no encontro anterior.

Convidar a expressarem como participaram da celebração, o que acharam importante, ajudando-os a perceber se aquilo que foi conversado no encontro sobre a Eucaristia conseguiram identificar na celebração. Em seguida, para introduzir o tema deste encontro sobre a celebração da Palavra, motivar um bate-papo sobre qual o contato que eles têm com a Palavra de Deus; o que entendem quando falamos sobre mesa da Palavra? Pedir que falem de suas experiências em família ou individualmente. Podem destacar alguma passagem ou texto bíblico que mais gostam.

2. ORAÇÃO INICIAL

Acende-se a vela...

Convidar o grupo para a oração. Pode-se providenciar uma música ambiente, para facilitar o silêncio, ou cantar um refrão, como: *Ó luz do Senhor...* ou outro à escolha.

Iniciar dizendo: estamos reunidos em nome da Trindade Santa. Por isso, tracemos sobre nós o sinal da cruz.

Depois dizer: *Glória ao Pai, ao Filho e ao Espírito Santo, como era no princípio, agora e sempre. Amém.*

3. ESCUTANDO A PALAVRA

Com um canto à escolha, convide o grupo a se colocar na escuta e meditação da Palavra de Deus.

Convidar um catequizando para fazer a proclamação do texto bíblico de At 2,42-46.

Solicitar que outro catequizando proclame mais uma vez o texto.

Após, motivar cada um a, em silêncio, retomar o texto, anotando palavras que não compreendeu e/ou que chamaram sua atenção:

- **a** Quais as palavras difíceis e/ou qual o versículo que mais chamou a sua atenção?
- **b** Quais eram as características das primeiras comunidades cristãs?
- **c** Como viviam os cristãos?

Compreendendo a Palavra

A leitura proposta para este encontro é um panorama de como viviam as primeiras comunidades cristãs, a Igreja primitiva que estava nascendo. A passagem nos mostra o testemunho, o amor e o zelo que moviam as comunidades dos que acreditavam a se reunirem para fazer a memória do Ressuscitado. Três eram as características daquela celebração: 1) o testemunho dos Apóstolos (Palavra); 2) a fração do pão (Eucaristia); e 3) a partilha dos bens (caridade). Percebe-se no texto que a comunidade era perseverante em ouvir o ensinamento dos Apóstolos e bem unida, tendo em vista que partilhava seus bens com os irmãos que nada tinham. Faziam juntos as refeições e eram atentos na escuta da doutrina dos Apóstolos. Ainda hoje, somos fiéis aos mesmos ensinamentos proferidos pelos Apóstolos daquela época, quando participamos da Liturgia da Palavra ouvindo os escritos e as palavras proferidas pelos que presidem a celebração da Palavra. Congregamos em nome do Senhor e, em torno do altar, comungamos do seu corpo e sangue (fração do pão).

O Papa Bento XVI, no ano de 2010, escreveu a exortação apostólica pós-sinodal *Verbum Domini,* sobre a Palavra de Deus na vida e na missão da Igreja. As Sagradas Escrituras sempre tiveram importância e respeito nas comunidades eclesiais. Na santa missa, comungamos da Palavra de Deus e meditamos sobre sua atualidade, pois a Palavra é viva e atual:

> É possível compreender a sacramentalidade da Palavra através da analogia com a presença real de Cristo sob as espécies do pão e do vinho consagrados. Aproximando-nos do altar e participando no banquete eucarístico, comungamos realmente do Corpo e Sangue de Cristo. A proclamação da Palavra de Deus na celebração comporta reconhecer que é o próprio Cristo que se faz presente e se dirige a nós para ser acolhido (VD, n. 56).

A comunidade reunida, convocada por Deus para celebrar o dia do Senhor, escuta atenta a Palavra e dela se alimenta. É Deus falando a seu povo. A Igreja pede que se dê à Palavra o devido lugar, a devida importância nas celebrações litúrgicas, para que possa oferecer aos fiéis, com abundância, os tesouros que ela contém. É preciso crescer e favorecer a familiaridade com a Palavra de Deus, para isso é muito importante que se valorizem as celebrações da Palavra e a oração da Liturgia das Horas como formas privilegiadas de escuta da Palavra de Deus.

Ler e meditar:
✓ Os números 56, 86 e 103 da exortação apostólica *Verbum Domini.*
✓ O capítulo 5 do Estudo 114 da CNBB: *E a Palavra habitou entre nós.*

4. MEDITANDO A PALAVRA

Motivar o grupo a meditar e conversar sobre o sentido deste encontro, a partir das questões:

✓ O que o encontro de hoje diz para nós, que ensinamento nos traz?
✓ Toda a comunidade era atenta à doutrina que os Apóstolos pregavam, vivendo muito a unidade. E você, qual é a sua relação pessoal com a Palavra de Deus?
✓ A comunidade está sendo inspirada pelo exemplo das primeiras comunidades cristãs?
✓ Como você e o grupo podem vivenciar melhor a mesa da Palavra em nossa comunidade, na família e na dimensão pessoal?
✓ Você tem consciência e clareza de que, na liturgia, quando se proclama a Palavra é o próprio Cristo falando à comunidade reunida? Com que dignidade é feita a Liturgia da Palavra?

5. REZANDO COM A PALAVRA

Incentivar o grupo a fazer sua oração pessoal, oração que sai do nosso coração para o coração de Deus (reservar um tempo de silêncio para a oração pessoal).

Em seguida, perguntar se alguém deseja partilhar sua oração no grupo.

Convidar os catequizandos para se aproximarem do livro da Palavra de Deus colocado em destaque e, como expressão de gratidão, de amor, carinho e respeito pelas Sagradas Escrituras, cada um tenha um gesto diante da Palavra: tocar, inclinar-se, beijar...., conforme sentir o que deseja manifestar.

Orientar a rezar o Salmo 119(118),1-18.

6. VIVENDO A PALAVRA

Conversar com o grupo e escolher juntos de que maneira podem vivenciar melhor a Palavra de Deus em suas casas.

Pode-se sugerir que cada um, na sua casa, organize um espaço de destaque para o livro da Palavra de Deus, criando um altar doméstico, com uma vela, lugar de oração.

Incentivar que, junto à família, leiam e meditem o texto da Palavra de Deus deste encontro.

Convidar o grupo para conhecer onde tem um grupo bíblico de reflexão e procurar participar.

No próximo encontro, compartilhar com o grupo o que conseguiram vivenciar desses compromissos.

MARIA, A IMACULADA CONCEIÇÃO

Sentido do encontro

Maria é uma das figuras mais importantes do Tempo do Advento. Nas palavras do Papa Paulo VI, "A Virgem Maria pelo seu sim transformou a espera do Messias em presença, a promessa em dom". Assim, ela é nosso melhor exemplo de uma Igreja que quer viver a presença de Cristo no mundo de hoje. Preparada desde o início de sua existência para acolher aquele que realizaria a salvação do mundo, Maria foi preservada do pecado e plenificada pela graça. Sendo a Mãe de Deus, Maria, na Terra, esteve ligada mais do que ninguém a Jesus, e essa proximidade não cessa no céu; em seu ser materno, ela permanece muito próxima de nós (cf. YOUCAT, 2011).

Objetivo

Identificar a importância de Maria no plano de salvação, como Mãe de Cristo e nossa Mãe.

Ambientação

Bíblia, vela, coroa do Advento, imagem ou quadro de Nossa Senhora Imaculada Conceição.

Acolhida

Acolher com alegria cada um, desejando boas-vindas e um bom encontro.

1. OLHANDO PARA A VIDA

Iniciar o encontro motivando o grupo a relatar algum fato ou acontecimento importante da semana. Em seguida, convidar para partilharem o que conseguiram realizar das propostas de compromisso: quem conseguiu participar do grupo de reflexão sobre a Palavra de Deus; quem conseguiu organizar um espaço para a Palavra em suas casas; e quem não conseguiu, se gostaria de socializar os motivos; e se leram e rezaram em casa com a Palavra de Deus.

2. ORAÇÃO INICIAL

Acende-se a vela...

Iniciar o encontro lembrando aos catequizandos que se está no Tempo de Advento, tempo de espera, de preparação para o Natal do Senhor.

Colocar uma música ambiente ou propor um refrão próprio de advento: *Vem, Senhor Jesus...* ou outro que contribua para estabelecer proximidade com esse tempo.

Após, convidar para fazer o sinal da cruz, que nos recorda que estamos reunidos em nome da Trindade.

Diante da imagem ou do quadro de Maria que ambienta o encontro, rezar a oração:

> *– O Anjo do Senhor anunciou a Maria.*
>
> *– E ela concebeu do Espírito Santo.*
>
> *– Eis aqui a serva do Senhor.*
>
> *– Faça-se em mim segundo a vossa Palavra.*
>
> *– E o Verbo divino se fez carne.*
>
> *– E habitou entre nós.*
>
> *Ave, Maria...*
>
> *– Rogai por nós, Santa Mãe de Deus.*
>
> *– Para que sejamos dignos das promessas de Cristo.*
>
> *Oremos. Infundi, Senhor, em nossos corações a vossa graça, a fim de que, conhecendo pela anunciação do Anjo, a encarnação de Jesus Cristo, vosso Filho, cheguemos pela sua Paixão e Morte à glória da Ressurreição. Pelo mesmo Cristo, nosso Senhor. Amém.*
>
> *Glória ao Pai...*

3. ESCUTANDO A PALAVRA

Escolher um canto de aclamação ao Evangelho e criar um clima orante, uma atitude de escuta da Palavra de Deus. Nesse clima, convidar um catequizando para proclamar o texto bíblico de Ap 12,1-6.

Na sequência, propor que cada um leia novamente o texto bíblico. Depois, favorecer que o grupo retome a Palavra, identifique e anote:

- ✓ O que diz o texto que acabamos de ouvir?
- ✓ Quem é a mulher a quem o texto se refere?
- ✓ Como você entende os fatos narrados?

Compreendendo a Palavra

O livro do Gênesis fala de uma mulher que vai vencer a serpente, e os profetas anunciaram o Messias nascido de uma virgem. O texto se inicia mostrando a luta constante entre o bem e o mal. A humanidade se defronta com as ameaças de violência e de poder. É nesse contexto que o Messias surge do povo de Deus, vem como esperança e confirma a certeza da vitória. No Novo Testamento, essa Palavra se cumpre em Maria, a Virgem de Nazaré, a escolhida de Deus. A humanidade toda é chamada a receber Deus em sua vida e a comunicá-lo aos homens. Assim afirmamos que:

> *Maria Santíssima ocupa um lugar privilegiado na vivência da liturgia durante o ano litúrgico [...]. Cantando as glórias de Maria, a Igreja cultua a Deus. Em Maria, a Igreja contempla a benevolência de Deus para com os homens; nela contempla o homem e a mulher ideais, chamados a realizar plenamente o plano de Deus; nela os fiéis contemplam a Igreja que recebe o dom de Deus e o transmite aos homens; nela vemos cada pessoa humana convidada a pronunciar o seu "fiat" ao seu Criador e Senhor; nela, enfim, já contemplamos a Igreja glorificada, e a glória que espera cada um de nós. Em Maria, a Igreja celebra a criação, comemora a redenção em Jesus Cristo, comemora a Igreja em cada um de nós (BECKHÄUSER, 2018, p. 86-87).*

Para aprofundar e refletir

Deus escolheu a Virgem Maria para ser a Mãe de seu Filho. A "cheia de graça", preservada da mancha do pecado original, escolhida entre todas as mulheres como modelo de santidade para interceder em favor do povo. Maria é Mãe de Deus, era Mãe do Filho eterno de Deus feito homem, que é Ele mesmo Deus. Maria "permaneceu virgem concebendo seu Filho, virgem ao dá-lo à luz, virgem ao carregá-lo, virgem ao alimentá-lo de seu seio, virgem sempre": com todo o seu ser Ela é "a Serva do Senhor" (Lc 1,38). O Catecismo da Igreja Católica, no número 511, nos mostra que Maria cooperou para a salvação da humanidade com plena liberdade e em obediência e fé, disse "sim", faça-se em mim segundo a tua Palavra (Lc 1,38).

Ler e meditar:
✓ Os números 502, 503, 506 e 507 do Catecismo da Igreja Católica.
✓ O texto da página 586 do Missal dominical da assembleia cristã.

4. MEDITANDO A PALAVRA

Convidar agora o grupo para conversar e atualizar a Palavra de Deus para nossa vida atual. Deixar o grupo pensar e refletir, ajudado pelas questões:

- ✓ O que a Palavra deste encontro nos ensina e leva você a meditar?
- ✓ Como a luta entre o bem e o mal se manifesta hoje, em nosso mundo, em nossa vida?
- ✓ Conforme lemos na Palavra de Deus, a mulher sofria as dores de parto. Para nascer uma nova vida, é preciso passar pela dor, pelo sofrimento. Nesse sentido, converse com os colegas sobre quais são as dores que a humanidade sofre atualmente. Como, onde e de que forma se manifestam essas dores, esse sofrimento?

Continuar fomentando o diálogo no grupo e conversar sobre: o mundo, a humanidade, que ainda hoje sofre em dores de parto, sofre e espera dias melhores.

- ✓ Compreendemos isso? Como se manifesta essa realidade? Vamos conversar um pouco e compreender melhor.
- ✓ Hoje, quais são os dragões que querem atacar, devorar as pessoas, as famílias, nossas comunidades e a sua vida pessoal? Como vencê-los?
- ✓ Como tudo isso nos ajuda a preparar o Natal de Jesus?

5. REZANDO COM A PALAVRA

Ajudar o grupo a criar uma atitude de oração, de diálogo com Deus, para que, a partir da meditação da Palavra, façam sua oração, procurando responder: o que a Palavra de Deus e este encontro nos fazem rezar?

Motivar dizendo: vamos fazer nossas preces, expressar nosso louvor ou pedidos de perdão espontaneamente.

Orientar a, diante da imagem de Maria, rezarem uma dezena do terço e pedirem para que a humanidade tenha mais vida, esperança e alegria. Cada catequizando reza uma Ave Maria.

Concluir este momento rezando juntos:

> Ó Deus, ternura de paz, Deus da vida, Tu derramaste toda a tua graça sobre a bem-aventurada Virgem Maria e preparaste n'Ela uma morada digna para o teu Filho. Nós te pedimos hoje, liberta-nos de todo o mal e guarda-nos sempre nos caminhos do bem, da vida e do Evangelho de Jesus, Filho de Maria, de quem preparamos e esperamos sua nova vinda. Por Jesus Cristo, nosso Senhor, que é bendito pelos séculos. Amém.

6. VIVENDO A PALAVRA

Conversar com o grupo sobre como queremos preparar o Natal de Jesus este ano.

Sugerir como compromisso participar dos encontros de grupos de família em preparação ao Natal, convidando os familiares.

É importante também pensar com o grupo um gesto concreto de solidariedade para com os mais necessitados.

Tempo do advento

- ✓ *Este encontro poderá ser uma manhã ou uma tarde de retiro no espírito do Advento – preparando o Natal.*
- ✓ *Reservar a coroa do Advento e um tronco seco com ramo verde.*
- ✓ *Preparar um local próprio para este momento, espaço diferente do cotidiano dos encontros.*
- ✓ *Na chegada, reservar tempo para o grupo se organizar, situar-se no espaço. Este já deve estar preparado antecipadamente, com os elementos necessários para aproveitar bem o tempo para a interiorização.*
- ✓ *Iniciar o encontro com um momento descontraído, de integração, com alguma dinâmica.*
- ✓ *Após esse momento, reunir o grupo para iniciar a manhã de oração e retiro.*

Catequista ou animador: Queridos jovens, hoje, aqui reunidos, queremos rezar, refletir e nos prepararmos melhor para este tempo bonito da nossa vida, do ano litúrgico: Advento, tempo de espera alegre da vinda do Senhor em nossa história. Ele vem morar no meio de nós. O Tempo do Advento é uma oportunidade de renovar nossa vida, alimentar nossa esperança e rever nossa caminhada de fé e compromisso cristão. Que o dia de hoje nos ajude a alcançar esses objetivos.

Conversar e dialogar com o grupo.

O animador do encontro motiva uma conversa, pode ser em duplas ou pequenos grupos, a partir das questões:

- ✓ O que é o Advento? O que sentimos neste tempo? Como o vivemos?
- ✓ Como, em família, costumamos preparar o Natal?

O animador motiva o canto: *Senhor, vem salvar teu povo*, ou outro canto de Advento. E, na sequência, convida para um momento em silêncio e a colocar-se em atitude orante.

Oração para o acendimento das velas

Alguém com uma pequena vela acesa se dirige à coroa do Advento e acende as quatro velas.

Acompanhando esse gesto, o coordenador, em forma orante, diz:

Animador: Bendito sejas, Deus da vida, pela luz do Cristo, a quem esperamos com alegria e sempre vigilantes.

Propõe-se o refrão: *Vem, Senhor Jesus, o mundo precisa de ti*, ou outro à escolha.

Convidar os catequizandos para se sentarem, e uma pessoa previamente preparada declama o Salmo 25. A cada estrofe, todos juntos dizem o refrão:

Vem, Senhor, nos salvar. Vem, sem demora, nos dar a paz.

Leitura Orante

Motivar um canto de aclamação ao Evangelho. Uma pessoa do grupo proclama o Evangelho segundo São Mateus 3,1-12.

Realizar a leitura uma segunda vez.

Quem conduz a celebração convida o grupo para conversar entre si, buscando compreender o texto, orientado pelas perguntas:

- ✓ O que lemos? O que chamou atenção nesse Evangelho?
- ✓ Em que cenário está falando João Batista? De quem está falando?
- ✓ Qual é a missão de João? Quem acolhe o convite de João?

Após esse primeiro momento, motivar cada pessoa a, em silêncio, procurar um lugar confortável para meditar e rezar, confrontando sua vida com a Palavra de Deus.

Durante 30 minutos, cada um irá retomar o texto bíblico, ler novamente e refletir sobre o que leu. Apresentar as seguintes perguntas para ajudar o grupo em sua meditação:

- ✓ O que a Palavra diz para você? Que apelo ela te faz?
- ✓ Como essa Palavra ressoa ainda hoje em nossas comunidades, em nossos grupos, no mundo?
- ✓ Quais são os caminhos tortuosos que precisam ser endireitados, aplainados?
- ✓ Quais são os sinais que colocamos em nossa casa nesse tempo de espera para o Natal? Como você pode se preparar melhor para o Natal?

> Com uma música, convidar o grupo a retornar, pode ser: *Anunciação* (Alceu Valença), ou outra.

Catequista ou animador

Importante neste momento criar um clima que favoreça aos participantes comunicarem sua reflexão e experiência vivida pessoalmente com a Palavra e o confronto com a própria vida.

A cada duas ou três pessoas que partilham, pode ser cantado o refrão: *Vem, ó Senhor, com o teu povo caminhar* ou outro à escolha.

A seguir, convidar todos para procurarem na Bíblia o Salmo 85, e, por versículos, cada um, espontaneamente, fazer a leitura.

Concluir com a oração do Pai-nosso e com o canto: *Da cepa brotou a rama...*

 **LEMBRETE**

- ✓ Tempo de recesso, pausa para descanso.
- ✓ Anotar que o retorno dos encontros sistemáticos da catequese deverá acontecer com a Quarta-feira de Cinzas do próximo ano.

3° TEMPO

PURIFICAÇÃO E ILUMINAÇÃO: TEMPO QUARESMAL

 **LEMBRETE**

Rito da Eleição

- ✓ Preparar a Celebração do Rito da Eleição – inscrição do nome no primeiro domingo da Quaresma.
- ✓ Lembrar de preparar os escrutínios do 3° ao 5° domingo da Quaresma.
- ✓ Prever a data do retiro dos catequizandos e da celebração da Eucaristia.

QUARESMA E CAMPANHA DA FRATERNIDADE: TEMPO DE FAZER ESCOLHAS

Sentido do encontro

Tempo da Quaresma, tempo para intensificar a vivência da Palavra de Deus celebrada na liturgia de cada domingo. É um tempo para nos encontrarmos com Deus e para crescermos em sua amizade e na fraternidade com o próximo. A cada ano, na Quaresma, a Igreja propõe a Campanha da Fraternidade com um tema diferente, como forma concreta de viver a conversão pessoal e comunitária. **Observação**: verificar qual o tema e o lema da Campanha da Fraternidade para o ano em curso.

Objetivo

Reconhecer a importância da fraternidade em nossa vida cristã e, particularmente, no tempo quaresmal.

Ambientação

Tecido roxo, Bíblia, vela, cruz e figuras de pessoas realizando gestos de fraternidade e praticando a caridade. Pode-se colocar o cartaz da Campanha da Fraternidade.

Acolhida

Preparar uma acolhida calorosa para a retomada dos encontros catequéticos após o tempo de recesso.

1. OLHANDO PARA A VIDA

Ao retomar a caminhada da catequese, dedique um tempo para escutar as experiências vividas pelos catequizandos nesse período de férias/recesso. Incentivar o grupo a partilhar suas vivências e para, com entusiasmo, retomar o caminho.

Introduzir o tema deste primeiro encontro após o período de recesso destacando a importância deste tempo do ano litúrgico que estamos iniciando. Rememore brevemente com os catequizandos:

- ✓ O que é a Quaresma?
- ✓ O que lembram dos outros anos sobre o assunto, que já foi refletido?

2. ORAÇÃO INICIAL

Acende-se a vela...

Motivar o grupo para um recolhimento, em silêncio. Neste momento, sugere-se colocar uma música instrumental ou convidar para cantar um refrão meditativo: *Onde reina o amor...*

Convidar para como filhos e filhas do Pai, fazerem o sinal que os identifica como cristãos, dizendo: *Em nome do Pai e do Filho e do Espírito Santo...*

Orientar os catequizandos a rezarem por alguma pessoa necessitada que conheçam ou lembrar alguma situação à qual querem estar unidos, pedindo ao Senhor que venha o seu Reino e que sua vontade seja feita, e juntos rezar o Pai-nosso.

3. ESCUTANDO A PALAVRA

Incentive a se prepararem para escutar e acolher a Palavra de Deus, cantando: *Eu vim para escutar...*, ou outro canto.

Proclamar o texto bíblico de Dt 30,15-20.

Propor que os catequizando façam a leitura do texto em silêncio. Depois, pedir para que explicitem o que leram e anotem, partindo das questões:

- ✓ O que você entendeu do texto lido?
- ✓ Segundo o texto, o que nos aguarda no futuro?

Compreendendo a Palavra

Quaresma pode ser escola de vida para o restante do ano. É tempo favorável para "ordenar a própria vida" na direção do sonho de Deus para toda a humanidade. Para que esse processo de ordenamento aconteça, o tempo litúrgico quaresmal nos convida a considerar as nossas relações vitais: com Deus, conosco, com os outros e com o mundo. O seguimento de Jesus é gerador de vida, possibilita que o(a) discípulo(a) viva a partir da verdade mais profunda de si mesmo(a), ou seja, viva a partir do coração. Isso nos proporciona vigor inesgotável, a vida se destrava e torna-se potencial de inovação criadora, expressão permanente de liberdade, consciência, amor, arte, alegria, compaixão. Por isso, o sinal decisivo de que alguém crê em Jesus está na vida que leva, ou seja, está na experiência de viver como viveu Jesus de Nazaré. O centro de nossa vida é Jesus Cristo, sua pessoa, sua mensagem, o mistério de sua morte e de sua Ressurreição.

Para aprofundar e refletir

O Tempo da Quaresma compreende momentos fortes da prática penitencial que a Igreja oferece aos cristãos, para que possam viver mais intensamente o arrependimento e a conversão, preparando-se para a grande festa da Páscoa. Nesse tempo quaresmal, somos convidados, a exemplo de Jesus Cristo, a uma mudança de vida. A vivência das privações voluntárias, como o jejum, a esmola, o fortalecimento na oração, e a partilha fraterna são práticas por meio das quais o cristão deixa transparecer em sua vida a imensa bondade e providência de Deus. Essas são atitudes cristãs que nos ajudam a crer que neste mundo só se encontra a luz verdadeira na vida e na mensagem de Jesus, no mistério de sua Páscoa. Não podemos esquecer que no centro de tudo isso está a Palavra de Deus que cada um é convidado a ouvir e meditar com maior assiduidade durante esse tempo, para refletir e promover em si e nos seus próximos a mudança de vida necessária para uma vida fraterna e solidária.

Ler e meditar:
- ✓ Os números 1434, 1435 e 1438 do Catecismo da Igreja Católica.
- ✓ Os textos do Evangelho de Lucas 16,19-31 e Mateus 25.

4. MEDITANDO A PALAVRA

Motivar o diálogo no grupo para meditação da Palavra, a partir das perguntas:
- ✓ Quais são as opções de escolha para nós?
- ✓ O que significa a vida e a felicidade, a morte e a desgraça?
- ✓ Quais as consequências de escolher a vida e a felicidade?
- ✓ Como você pode ajudar as pessoas que ama e a você mesmo a fazer escolhas que são a favor da vida?
- ✓ O que se propõe a viver a partir de agora com relação ao texto?

5. REZANDO COM A PALAVRA

A Palavra se faz oração, por isso pedir que, em silêncio, cada um, diante de Deus, faça sua oração, buscando responder: o que quero dizer a Deus?

Pedir que escrevam a oração e depois convidar para partilharem com o grupo. Em seguida, motivar com estas palavras:

> *O símbolo que nos coloca diante do tempo quaresmal é a cruz. Grande símbolo cristão que acompanha esse tempo de conversão, de seguimento a Jesus. Cada um é convidado a olhar para a cruz, aproximar-se dela, e realizar um gesto conforme sentir o desejo em seu coração: tocar, beijar, fazer uma reverência... Coloquemos nela nossa vida, nossas dores, nossos pedidos àquele que deu por nós sua vida.*

Ao fim desse gesto, convidar para estenderem a mão em direção à cruz e cantar: *Como Jesus vou carregar, a minha cruz...*, ou *Vitória, Tu reinarás...*

6. VIVENDO A PALAVRA

Motivar o grupo dizendo que a Palavra de Deus sempre nos compromete. Convidar para refletirem: como podemos viver a fraternidade com gestos concretos nesta Quaresma?

Deixá-los refletir em silêncio para depois partilhar.

Propor, como compromisso da semana, que como grupo ou individualmente, com alguém da família, procurem visitar uma pessoa necessitada e levar algo que ela precisa ou dedicar um tempo para escutar sua vida e sua história.

JESUS, ÁGUA VIVA QUE SACIA NOSSA SEDE

Sentido do encontro

Jesus se revela a uma mulher samaritana como o Messias, aquele que tem a água viva capaz de saciar os anseios mais profundos do ser humano. A mulher ouve, crê e se torna sua discípula, colocando-se no caminho da conversão e testemunhando Jesus entre os seus. A experiência do encontro pessoal com Ele gera uma profunda transformação em seu ser.

Objetivo

Compreender que a experiência do encontro pessoal com Jesus nos transforma em discípulos missionários.

Ambientação

Tecido roxo, Bíblia, um recipiente com água limpa, vela, copinho para cada catequizando poder tomar da água, um poço e um balde se tiver.

Acolhida

Acolher com alegria os catequizandos, conversar sobre como passaram a semana.

1. OLHANDO PARA A VIDA

Iniciar o encontro convidando o grupo a partilhar o compromisso assumido no encontro anterior. Falar sobre a experiência de cada um na visita à pessoa necessitada.

2. ORAÇÃO INICIAL

Acende-se a vela...

Procurar criar um clima de oração com um refrão: *Indo e vindo, trevas e luz...* ou outro à escolha.

Convidar os catequizandos a fazerem juntos o sinal do cristão, dizendo: *Em nome do Pai e do Filho e do Espírito Santo...*

Pedir para os catequizandos observarem os objetos, os símbolos da ambientação, em silêncio. Cada um deve escolher um dos símbolos que mais gostou e expressar porque o escolheu e que sentido tem para si.

3. ESCUTANDO A PALAVRA

Em pé, prepará-los para acolher o Evangelho cantando: *Honra glória poder e louvor, a Jesus nosso Deus se Senhor...* ou outro canto à escolha.

Convidar um catequizando para Proclamar o Evangelho segundo São João 4,1-41.

O texto pode ser preparado e proclamado em forma de diálogo:

1. Narrador
2. Jesus
3. Samaritana

Após a proclamação do Evangelho, convidar para que cada um destaque e anote os seguintes aspectos:

- ✓ Qual a palavra ou frase que você mais gostou?
- ✓ Converse com seu grupo sobre como aconteceu o diálogo.
- ✓ Identifique os passos que a Samaritana deu para descobrir quem era Jesus.

Compreendendo a Palavra

Na liturgia do terceiro domingo da Quaresma, com o encontro entre Jesus e a mulher samaritana, meditamos sobre a revelação do dom da água da vida (cf. Jo 4,5-42). Essa passagem apresenta o projeto universal da salvação de Deus para toda a humanidade, que se cumpre na pessoa de Jesus Cristo. O comportamento da mulher samaritana mostra um verdadeiro acolhimento do projeto de Deus, que se concretiza no compromisso missionário. A experiência pessoal com Deus é o ponto de partida para uma vida de testemunho, como vimos no caso da mulher samaritana. Ela abandona o balde e, não precisando mais da água do poço, vai à cidade para anunciar o encontro pessoal com Jesus, que se torna convocação e convite ao discipulado. A palavra da samaritana: "encontrei alguém que me disse tudo o que eu tenho feito. Será que ele não é o Cristo?" (Jo 4,29) revela a humanidade de Jesus como alguém capaz de saciar a sede de toda a humanidade. A samaritana torna-se assim anunciadora do humano presente em

Jesus. Ela estimula a "sede" do seu povo de ter a mesma experiência do encontro com Ele. Dessa maneira, Jesus abriu os olhos da mulher samaritana e despertou sua curiosidade em beber dessa água viva, que matará para sempre sua sede. Assim, não precisará mais buscar água no poço. Jesus usa o símbolo da água referindo--se a si mesmo como o portador da água viva. Quem beber dela não terá mais sede. A sede da mulher samaritana representa a sede do seu povo. Ao saciar a sua sede, a mulher é impulsionada a saciar também a sede do seu povo, por meio do anúncio, que o leva a fazer o mesmo. Hoje, como nunca, a Igreja precisa da experiência pessoal com Jesus na sua missão evangelizadora.

Para aprofundar e refletir

Na tradição bíblica, o simbolismo da água é muito rico: restaura, purifica e produz frutos. No encontro de Jesus com a samaritana, a água é o meio pelo qual se instaura o diálogo entre eles. Nesse diálogo, Jesus faz uma oferta para a mulher e apresenta uma promessa que a enche de esperança e desejo de participar dessa experiência, pedindo a Ele: "Senhor, dá-me dessa água, para que eu não tenha mais sede, nem tenha de vir aqui para tirá-la!" (Jo 4,15). Agora, a samaritana descobrirá que sua fonte de vida não vem do poço, mas de Jesus, que se aproximará e se deixará encontrar. Seu conhecimento acerca daquele "homem" estava apenas no início, mas ela já sentiu o desejo de propor a outros a mesma experiência.

A água que Jesus oferece é dada gratuitamente, basta aceitá-la. A mulher descobre que para receber da nova água viva é preciso ter consciência dos próprios descaminhos, é preciso mudança de vida. O encontro com Jesus requer nova direção, conversão. Muitos samaritanos "creram em Jesus por causa da palavra da mulher que testemunhava" (Jo 4,39). Para melhor compreender o sentido e o alcance do movimento daqueles samaritanos que partem ao encontro de Jesus, recordamos que Natanael veio ao encontro de Jesus e, em seguida, tornou-se discípulo (Jo 1,45-51). A fé em Jesus nasce de um encontro pessoal com Ele. É do encontro de Jesus com a samaritana que temos o exemplo sobre como Ele permite, a quem o procura, reconhecê-lo (cf. Doc. 107, n. 34).

Ler e meditar:
✓ Os números 14 ao 38 do Documento 107 da CNBB: *Iniciação à Vida Cristã: itinerário para formar discípulos missionários.*

4. MEDITANDO A PALAVRA

Como grupo, conversar sobre:

✓ O que essa Palavra diz para você e para a realidade que nos cerca? Quais são as nossas sedes?

- ✓ Qual a mensagem que o texto deixa para sua vivência de hoje como discípulo(a) missionário(a)?
- ✓ Como a Palavra ensina você a ter um encontro pessoal com Jesus, a exemplo da samaritana?
- ✓ Como são seus diálogos com Jesus por meio da oração?
- ✓ Colocando-se no lugar da samaritana ao escutar Jesus, que pede água, qual é a água: que Ele nos pede?

5. REZANDO COM A PALAVRA

Convidar o grupo, após este encontro com a Palavra e o diálogo entre Jesus e a samaritana, para expressar o que aprendeu.

Criar um clima orante para que cada um possa se colocar no lugar da samaritana e escutar Jesus a lhe pedir água. A exemplo da samaritana, oriente os catequizandos a dialogar com Jesus, falar de sua realidade e escutar o que Ele tem para dizer a cada um.

Colocar uma música instrumental com volume baixo, para proporcionar aos catequizandos um momento de oração, e vivenciarem o encontro pessoal com Jesus.

Diante do poço e da água, se tiver, subdividir os catequizandos em dois grupos: (leitor 1 e leitor 2) e orientá-los a fazerem a oração que está em seus livros:

Leitor 1: Senhor, dá-me dessa água, para que eu não tenha mais sede.

Todos: Senhor, dá-me de beber da água pura que me faz viver.

Leitor 2: Mas quem beber da água, que eu darei nunca mais terá sede, porque a água que eu darei se tornará n'Ele uma fonte de água viva.

Todos: Senhor, dá-me dessa água, para que eu não tenha mais sede.

Todos: Senhor Jesus, que disseste "eu sou a água viva. Quem beber da água que eu lhe der nunca mais terá sede", nós te pedimos, Senhor, abençoa esta água. Fazei com que seja sinal de vida, esperança e alegria. Amém.

Colocar um pouco da água nos copos, para que cada um beba, enquanto cantam: *És água viva* (Pe. Zezinho) ou outro canto apropriado.

Convidar o grupo para rezar o Salmo 42: "Sede do Deus vivo".

6. VIVENDO A PALAVRA

Para o compromisso da semana, conversar sobre a importância de reservar cinco minutos a cada dia para fazer uma oração, e assim ter um encontro pessoal com Jesus.

Propor que cada um escreva algum ponto importante dessa oração para partilhar com o grupo no próximo encontro.

JESUS, LUZ QUE ILUMINA NOSSA VIDA

Sentido do encontro

A cura do cego de nascença manifesta a vontade de Jesus de lhe dar dignidade e valor. Em sua nova condição, o homem curado mostra independência e liberdade: não permanece sentado, não é mais um mendigo e expressa sua identidade. O cego, homem simples do povo, mendigo sem nome, assume uma nova posição ao começar a enxergar e, pela fé, tem à frente um novo caminho.

Objetivo

Reconhecer e compreender que Jesus é a verdadeira luz do mundo.

Ambientação

Bíblia, vela, barro, tecido roxo, figuras de Jesus curando o cego, tiras de pano para vendar os olhos e uma vela para cada catequizando.

Acolhida

Acolher com alegria os catequizandos, conversar sobre como passaram a semana.

1. OLHANDO PARA A VIDA

Incentivar os catequizandos a partilharem com o grupo a experiência de estabelecer um tempo de oração para o encontro com Jesus. Quem conseguiu fazer isso? Como foi a experiência?

2. ORAÇÃO INICIAL

Acende-se a vela...

Convidar o grupo para fazer silêncio, motivando a oração com um refrão: *Indo e vindo, trevas e luz...* ou outro canto apropriado.

Motivar a fazerem o sinal da cruz. Depois pedir para os catequizandos contemplarem a luz da vela, em silêncio ou cantando: *Sim, eu quero que a luz de Deus....*

3. ESCUTANDO A PALAVRA

Que essa luz de Deus ilumine nossa mente e nosso coração para escutar a Palavra de Deus. Convidar um catequizando para proclamar o Evangelho segundo São João 9,1-12.26-38.

Motivar a, juntos, com sua próprias palavras, comentarem o que ouviram. Depois, que procurem pensar e anotar:

- ✓ De qual sinal o texto nos fala?
- ✓ Por que o cego foi expulso da sinagoga?

Compreendendo a Palavra

O texto sobre o qual meditamos neste encontro se inicia com o olhar de Jesus dirigido a um cego de nascimento. A cura do cego de nascença simboliza o 6º sinal do Evangelho de João e é denominado: sinal da luz. Ele acontece logo após Jesus se declarar luz do mundo (cf. Jo 8,12), na Festa das Tendas, e ser expulso do Templo pelos judeus. Ao passar, Jesus encontra um homem cego de nascença e age em favor dele, revelando a missão recebida do Pai em favor dos necessitados. Restitui a dignidade e a coragem do cego para enfrentar a vida em seus desafios. Ele já não é mais mendigo, já não é mais cego, não está mais inerte, sentado: agora ele caminha e enfrenta sem temor os opressores. A ele está vinculada a comunidade dos discípulos de Jesus, que enfrentam repúdio e perseguição por optarem por testemunhar sua fé no Cristo. A todo homem são oferecidas escolhas e, assim como no relato do cego de nascença, cabe a cada um a decisão da opção a tomar. Mergulhado na água do Espírito, todo batizado, assim como o cego de nascimento, experimenta um nascer de novo, o homem novo. As obras de Deus consistem em libertar cada um de sua impotência, dando capacidade de ação. Para a liberdade, Deus nos criou: "É para a liberdade que Cristo nos libertou" (Gl 5,1). Portanto, as opções de treva e luz são escolhas feitas livremente, que resultarão em opção de vida ou de morte. O discípulo de Jesus é livre, não teme, pois a luz conduzirá seus passos e a vida resplendecerá!

Para aprofundar e refletir

O Papa Francisco falou em uma de suas catequeses (22 de março de 2020) que, iluminado pela luz da fé, o cego de nascença descobre sua identidade, passa a enxergar e se torna uma nova criatura, capaz de ver a sua vida e o mundo ao seu redor sob a luz de Cristo, que se autodenomina a luz do mundo (cf. Jo 8,12). Passando pela experiência da cura, o cego, que agora vê com os olhos do corpo e da alma, torna-se a imagem de todos os batizados que vivem imersos na graça de Cristo e que, por sua vez, foram libertos das trevas, tornando-se luz, a fim de manifestar com a própria vida a luz de Cristo no mundo. Para Alexandre de Alexandria (250-326), quando o cristão nasce para a vida nova é imediatamente libertado das trevas e, a partir desse momento, recebe a luz que o torna filho de Deus.

Ler e meditar:
- ✓ Os números 157, 748, 1216 e 2715 do Catecismo da Igreja Católica.
- ✓ O número 156 do Documento de Aparecida.

4. MEDITANDO A PALAVRA

Motivar o grupo a conversar, dialogando a partir destas questões:

- ✓ Quais os gestos de Jesus apresentados nesse texto?
- ✓ Qual a palavra mais importante de Jesus para você nesse texto?
- ✓ Qual foi o comportamento do cego depois da cura?
- ✓ O que a luz significa para a sua vida? Em que momento de sua vida você rejeitou a luz de Jesus?
- ✓ De que cegueiras precisamos nos libertar para sermos uma verdadeira comunidade de irmãos?

Sugestão: Propor ao grupo fazer uma experiência em duplas: um fica de olhos vendados e é conduzido pelo colega, depois invertem. No final, conversar com o grupo sobre quais foram os sentimentos, medos, na experiência de conduzir o outro e de se deixar conduzir.

5. REZANDO COM A PALAVRA

Motivar o silêncio para que cada um faça sua oração pessoal e estabeleça um diálogo com Jesus. A seguir, convidar para fazerem uma pequena oração espontânea, uma prece usando palavras da sua própria reflexão.

Convidar cada catequizando para pegar uma das velas e acender na vela principal do ambiente, depois rezem juntos:

> *Senhor Jesus, luz da luz, luz verdadeira, a humanidade ainda caminha nas trevas, não acolheu a luz, por isso vos pedimos: iluminai com vossa luz os nossos corações e os corações de todos os que se encontram tristes, abatidos, sofrendo alguma enfermidade, e fazei que todos acolham a vossa luz. Despertai no coração das pessoas o desejo de ver e de enxergar à luz da fé. Que sintamos todos a alegria da vossa luz que brilha em nós. Amém.*

Erguendo as velas, todos cantam: *Minha luz é Jesus, e Jesus me conduz...*, ou outro canto apropriado.

Motivar a oração do Salmo 27, orientando cada catequizando a rezar espontaneamente um versículo e, a cada três, todos respondem com o refrão: *O Senhor é minha luz e salvação...*

6. VIVENDO A PALAVRA

Como compromisso da semana, sugerir que cada um procure saber se existem pessoas com deficiências visuais na sua comunidade e fazer uma visita, levando uma lembrancinha e dedicando um pouco do seu tempo para falar sobre Jesus para a pessoa.

JESUS É VIDA QUE VENCE A MORTE

Sentido do encontro

Para a fé cristã, a vida não é interrompida pela morte, mas caminha para sua plenitude. Aqueles que acolhem Jesus d'Ele recebem a vida plena da ressurreição. Jesus se apresenta como a Ressurreição e a vida (cf. Jo 11,25a). Ele quer que todos vivam. Marta disse: "Senhor, se tivesses estado aqui, meu irmão não teria morrido" (Jo 11,21). Ela chora, todos choram. Jesus se comove. Quando os pobres choram, Jesus se emociona e chora. Diante do choro de Jesus, os outros concluem: "Vede como ele o amava!" (Jo 11). Essa é a característica das comunidades do discípulo amado: o amor mútuo entre Jesus e seus membros.

Objetivo

Compreender que Cristo é a plenitude da vida para os que creem.

Ambientação

Bíblia, vela, confeccione com papelão ou caixa um túmulo fechado, tecido roxo.

Acolhida

Acolher os catequizandos com carinho, dirigindo-se a cada e acolhendo a sua presença.

1. OLHANDO PARA A VIDA

Propor um tempo de conversa no grupo partilhando sobre o compromisso assumido no encontro anterior. Quem conseguiu visitar alguma pessoa com deficiência visual e como foi a experiência?

2. ORAÇÃO INICIAL

Acende-se a vela...

Para criar um clima de silêncio e oração, iniciar com um refrão ou uma música ambiente, instrumental. Depois, convidar para fazerem juntos o sinal da cruz.

A seguir, convidar para um momento de reflexão pessoal sobre: qual o sentido e a importância da vida para mim? Após um tempo de silêncio, incentivar a quem quiser partilhar com o grupo.

3. ESCUTANDO A PALAVRA

Com um canto adequado, aclamar o Evangelho que será proclamado.

O catequista proclama o Evangelho segundo São João 11,17-27.

Solicitar que cada um leia novamente, em silêncio. Na sequência, incentivar a conversarem e retomarem o texto fazendo anotações e respondendo às questões:

a) Quais são os personagens que aparecem no texto?
b) O que diz o texto lido? Qual o fato acontecido?

Compreendendo a Palavra

Lázaro está morto. Após quatro dias, a morte é absolutamente certa, o corpo entra em decomposição e já cheira mal (cf. Jo 11,39). Muitos judeus estão na casa de Marta e Maria para consolá-las pela perda do irmão. Os representantes da Antiga Aliança não trazem vida nova, só consolam. Jesus é que vai trazer vida nova. Os judeus são os adversários que querem matar Jesus (cf. Jo 10,31). As duas mulheres criaram um espaço novo de contato entre Jesus e seus adversários. Assim, de um lado, a ameaça de morte contra Jesus; de outro lado, Jesus chegando para vencer a morte. É nesse contexto de conflito entre vida e morte que vai ser realizado o sétimo sinal. A ressurreição de Lázaro é o último sinal operado por Jesus. Jesus desafia Marta a perceber que não basta crer na ressurreição que vai acontecer no fim dos tempos, mas tem que crer que a ressurreição já está presente hoje em sua pessoa e naqueles que acreditam n'Ele, sobre quem a morte não tem mais nenhum poder, porque Jesus é a "ressurreição e a vida". Ela, mesmo sem ver o sinal concreto da ressurreição de Lázaro, confessa a sua fé: "Eu creio que tu és o Cristo, o Filho de Deus que veio ao mundo". O encontro com Marta e Maria é inteiramente centrado na fé e na esperança da Ressurreição que é o próprio Cristo, ressurreição e vida.

O Papa Francisco, em 29 de março de 2020, ao comentar o Evangelho de João, que narra a ressurreição de Lázaro, nos ajuda a aprofundar e compreender a realidade de que Jesus é a vida que vence a morte, quando afirma que Deus não nos criou para o túmulo, mas para a vida. Portanto, cada cristão é chamado a remover as pedras de tudo aquilo que causa a morte, como a ofensa, a calúnia, a crítica destrutiva, a marginalização do pobre. Ao recordar sobre a ressurreição de Lázaro, o sumo pontífice salientou que ela é sinal da regeneração que se realiza no crente por meio do Batismo, tendo em vista a plena inserção no mistério pascal de Cristo. Nessa passagem do Evangelho, ainda explicou o papa a importância de dois caminhos no grito daquele que sofre e pede socorro: "a fé do homem e a onipotência do amor de Deus que se procuram e no fim se encontram". Assim, é possível compreender que, mesmo em meio ao sofrimento e em suas fragilidades, o cristão, movido pela graça e a força do Espírito Santo, é convidado a permanecer firme na fé, ainda que pareça que a morte tenha vencido: é preciso abrir seu coração para acolher a Palavra de Deus, como fonte de vida onde há morte.

Para ler e meditar:
- ✓ O texto do Evangelho de João 5,25.
- ✓ O número 646 do Catecismo da Igreja Católica.
- ✓ O número 247 do Documento de Aparecida.
- ✓ O número 112 da exortação apostólica *Evangelii Gaudium*.

4. MEDITANDO A PALAVRA

Motivar o grupo, a partir das questões, a estabelecer um diálogo, uma conversa sobre o texto bíblico, como um momento de meditação e atualização da Palavra de Deus:

- ✓ O que o texto diz para você hoje?
- ✓ Onde você deposita a sua fé?
- ✓ Os gestos e as palavras de Jesus, no texto, tocam sua vida? Como? Por quê?
- ✓ Como a Palavra que ouviu e sobre a qual meditou fortalece sua caminhada de fé?
- ✓ Como você pode viver tendo o mesmo olhar solidário de Jesus?
- ✓ Quando você assume atitudes de Marta ou de Maria na construção do Reino de Deus?

5. REZANDO COM A PALAVRA

Após a meditação e reflexão da Palavra, incentivar o grupo à oração, ao diálogo com Deus.

- ✓ O que a Palavra faz você dizer a Deus?
- ✓ Que olhar novo você pode assumir a partir da Palavra?

Orientar que, como Jesus, cada um procure a vida nova, para vivê-la em plenitude. Motivar cada catequizando a fazer uma oração espontânea, agradecendo a vida nova que recebeu no Batismo.

Convidar um catequizando para tomar nas mãos a Bíblia; e um outro, a vela, e todos juntos professam a fé a exemplo de Marta, dizendo: "Eu creio que Tu és o Cristo, o Filho de Deus que veio ao mundo".

A seguir, rezar com o grupo a oração pedindo a Jesus para viver sempre a nova vida que Ele nos oferece. Catequista reza a oração, e todos repetem:

> *Senhor Jesus, Vós ordenastes a Lázaro sair vivo do túmulo, e, pela vossa ressur-*
> *reição, libertastes da morte toda a humanidade. Nós vos imploramos em favor de*
> *cada um de nós e de todas as pessoas que buscam as águas do novo nascimento*
> *e a ceia da vida. Não permitais que o poder da morte nos impeça de viver a vida*
> *em plenitude. Fazei-nos participar da vitória de vossa Ressurreição. Amém.*

Concluir com o canto: *Vida, eu te quero...* ou outro apropriado.

6. VIVENDO A PALAVRA

Motivar o grupo a conversar e definir um compromisso concreto para a semana com base na meditação e oração da Palavra de Deus.

- ✓ O que o encontro de hoje convida você a viver durante esta semana?
- ✓ Qual o gesto concreto que você pode assumir como compromisso?

Pode sugerir para, ao longo da semana, visitarem uma família enlutada, levando palavras de conforto, de vida e esperança.

EUCARISTIA: VIDA DOADA, VIDA DE COMUNHÃO COM DEUS E OS IRMÃOS

Sentido do encontro

A Eucaristia é o centro da vida da Igreja. Ela é o sacramento culminante da Iniciação à Vida Cristã e o sacramento da existência cristã, celebrado repetidas vezes ao longo da vida com toda a comunidade. A Eucaristia é a força espiritual do cristão, é mistério de doação e entrega incondicional, é mistério de amor. Alimentando-se da Eucaristia, o cristão comunga do amor de doação de Cristo e, assim, compromete-se em praticar e viver essa mesma caridade em todas as situações.

Objetivo

Compreender a Eucaristia como doação plena de Jesus ao Pai, em favor da humanidade.

Ambientação

Ambiente de preferência ao redor de uma única mesa. Bíblia, vela, toalha branca sobre uma pequena mesa, bandeja com pão, jarra com suco de uva.

Acolhida

Acolher cada catequizando com alegria e convidá-los a ocupar o espaço preparado para eles. Iniciar a conversa manifestando como é bom estarem juntos mais uma vez.

1. OLHANDO PARA A VIDA

Motivar o grupo para uma conversa sobre algum fato ou acontecimento importante da semana. Em seguida, ajudar o grupo a lembrar e partilhar sobre os compromissos assumidos no encontro anterior.

Apresentar agora o tema do encontro, a Eucaristia, e falar de sua importância para a vida de cada cristão batizado. Perguntar ainda o que já sabem sobre o tema da Eucaristia.

2. ORAÇÃO INICIAL

Acende-se a vela...

Iniciar com um refrão: *Onde reina o amor* ou outro apropriado. Na sequência, motivar o grupo a traçar o sinal da cruz.

Ajudar os catequizandos a recordarem algum fato, algo importante que viveram durante a semana e que gostariam de partilhar com os colegas do grupo. Depois, rezar juntos a oração do Pai-nosso.

Encerrar este momento com o canto: *Palavra de salvação* (Pe. Zezinho) ou outro apropriado.

3. ESCUTANDO A PALAVRA

Proclamar o Evangelho segundo São Lucas 22,14-20.

Em mutirão, ler novamente o texto (cada um lê um versículo).

Motivar o grupo de catequizandos a lembrar coletivamente o que leram, procurando contar o fato com as próprias palavras, identificando e anotando:

- ✓ O que diz o texto?
- ✓ O que chama a sua atenção?
- ✓ Quais os personagens que fazem parte da cena?
- ✓ Qual foi o grande anúncio que Jesus fez ao grupo reunido?

Compreendendo a Palavra

Era a última ceia de Jesus com seus discípulos. Esse encontro, essa refeição, é marcado pelo sentido de sua morte, sua entrega total em favor da humanidade. Em Jerusalém, na proximidade da festa da Páscoa, chegou a hora de Jesus realizar plenamente o projeto do Pai. Jesus realiza com seus discípulos o último encontro. O clima é de festa, todos estão reunidos para comer o cordeiro pascal e, assim, lembrar a libertação da opressão do Egito. Os discípulos não compreendem o gesto de partilha de Jesus, que os convida a tomar o seu corpo e a beber o seu sangue. Esse gesto sintetiza o sentido profundo, inaugurando, assim, a nova e eterna Aliança. Doa sua vida, entrega-se aos outros, para que eles possam viver, revelar o amor do Pai. Esse é o sentido da Eucaristia, memorial do mistério pascal. Já não é apenas memorial da experiência do êxodo, mas atualização da ação de libertação que Deus realiza em Jesus Cristo. Essa ação de Jesus nos ensina a viver na doação de nós mesmos para o bem dos outros.

Aprender com Jesus a distribuir-se, doar-se, entregar-se, a servir sem medo de tudo o que ameaça a vida, tendo presente o que pediu: "Fazei isto em memória de mim" (Lc 19,22; cf. 1Cor 11,24.26). Nosso compromisso, cada vez que celebramos a Eucaristia, é de celebrar o novo mandamento que Ele nos deixou: amar e servir como Ele nos amou.

Para aprofundar e refletir

Ainda hoje a Igreja celebra e vive a experiência deixada por Jesus, como nos afirma a carta encíclica do Papa João Paulo II *Eclesia de Eucharistia*, sobre a Eucaristia e sua relação com a Igreja. A Eucaristia é, por excelência, o dom mais precioso que a Igreja recebeu de Cristo, seu Senhor. É o verdadeiro banquete em que Cristo se oferece como alimento, cuja eficácia salvífica se encontra no próprio sacrifício de Cristo, realizado plenamente na comunhão, quando o cristão recebe seu corpo e seu sangue.

A Eucaristia é, portanto, memorial da morte e Ressurreição de nosso Senhor, celebrada pela Igreja como um acontecimento central de salvação. Com efeito, toda vez que é celebrado esse mistério eucarístico, a Igreja torna presente o sacrifício da cruz, em que Cristo se despoja totalmente, oferecendo o seu corpo e seu sangue para redimir a humanidade do pecado. Esse sacrifício é tão incisivo para a salvação do ser humano que Jesus Cristo encontrou um meio, antes de voltar para o Pai, para dele participarmos como se tivéssemos estado presentes. Assim, cada fiel que toma parte na Eucaristia alimenta-se dos seus frutos, que, ao longo dos séculos, vêm sendo reafirmados continuamente pelo magistério da Igreja como dom do Pai, entrega incondicional de Jesus Cristo a um amor levado ao extremo (cf. Jo 13,1), um amor sem medida (cf. EE, n. 11). Contudo experimentar esse dom na Eucaristia é o começo da vida que não termina, é viver de Jesus Cristo, que faz nascer o amor que chega ao outro, uma vez que, pela fé, Cristo vive em nós, Cristo ama em nós.

Ler e meditar:
✓ Os números 1391, 1393 e 1396 do Catecismo da Igreja Católica.

4. MEDITANDO A PALAVRA

Procurar ajudar o grupo a meditar a Palavra que foi proclamada, refletindo a partir das questões:

✓ O que a Palavra e o tema de hoje ensinam a você? O que ajudam você a compreender?

✓ Estamos aprofundando o tema da Eucaristia e nos preparando para celebrar a primeira comunhão eucarística. O que isso significa para você? Que atitudes novas te pede?

✓ O que implica para a sua vida comer do mesmo pão e beber do mesmo cálice do corpo e do sangue do Senhor?

5. REZANDO COM A PALAVRA

Orientar o grupo para, após ter refletido sobre o sentido da ceia com o Senhor, deixar que a Palavra o ajude a rezar: o que você quer dizer a Deus?

Motivar a fazerem em silêncio a oração e escrevê-la. Depois solicitar que cada um partilhe a sua oração com o grupo.

Orientar a rezarem o Salmo 116(114-115),12-19 e, a cada versículo, dizerem juntos o refrão: *O cálice por nós abençoado...*

1. Que poderei retribuir ao Senhor Deus, por tudo aquilo que Ele fez em meu favor? Elevo o cálice da minha salvação, invocando o nome do Senhor.

2. Sentida por demais pelo Senhor a morte de seus santos, seus amigos. Eis que sou o vosso servo, ó Senhor, mas me quebrastes os grilhões da escravidão.

3. Por isso, oferto um sacrifício de louvor, invocando o nome santo do Senhor. Vou cumprir minhas promessas ao Senhor na presença do seu povo reunido.

Diante dos símbolos, especialmente do pão e do suco, convidar os catequizandos para fazerem a oração de louvor a Deus por esses dons, orientando que todos estendam a mão e rezem juntos a oração:

Ó Senhor, nós te bendizemos por este alimento, motivo de alegria e que, com nossas mãos generosas, partilharemos entre nós. O teu Espírito desça sobre nós e sobre estes alimentos e o teu Reino se manifeste. Unidos em Jesus, um só corpo nós seremos, nossa vida oferecemos, como Ele fez na cruz.

Motivar para encerrarem este momento rezando juntos o Pai-nosso.

Partilhar o pão e o suco, em silêncio, em atitude de oração.

6. VIVENDO A PALAVRA

Veja com o grupo: o que esse encontro pede e motiva você a viver? Convide o grupo para se expressar.

Motivar para, no próximo domingo, todos procurarem participar da missa na comunidade, prestando muita atenção na celebração da Eucaristia e em tudo o que acontece.

NOSSA PARTICIPAÇÃO NA PÁSCOA DE JESUS: A IGREJA VIVE E SE ALIMENTA DA EUCARISTIA

Sentido do encontro

A Igreja se alimenta da Eucaristia. Quando celebramos a Eucaristia, participamos com Jesus da sua Páscoa. Eucaristia é ação de graças, é fazer o que Jesus fez na última ceia, cumprindo o mandamento que Ele nos deixou: "Façam isto em memória de mim" (Lc 22,19). Ao participarmos da ceia eucarística, participamos, no hoje da nossa vida, da Morte e Ressurreição de Jesus. Celebramos "a Páscoa de Cristo na nossa Páscoa e a nossa Páscoa na Páscoa de Cristo" (Doc 43, n. 300).

Objetivo

Compreender a Eucaristia como alimento que sustenta e fortalece a vida de fé da Igreja.

Ambientação

Cadeiras em círculo, toalha branca numa mesa, cesta com pãezinhos, jarro com suco de uva, vela, Bíblia e faixa (ou cartaz) com a frase: "Senhor, dá-nos deste pão".

Acolhida

Acolher os catequizandos, expressando a alegria por suas presenças e desejando que todos tenham um bom encontro.

1. OLHANDO PARA A VIDA

Motivar o grupo a partilhar sobre o que se lembra do encontro anterior e como foi a participação na missa, compromisso assumido e que seria vivenciado ao longo da semana.

2. ORAÇÃO INICIAL

Acende-se a vela...

Iniciar o encontro de modo orante. Para ajudar, pode-se propor um canto como *Deus vos salve* (Zé Vicente) ou outro apropriado.

Motivar o grupo dizendo: Deus nos reúne mais uma vez pelo seu amor, por isso façamos juntos o sinal da cruz.

Explicar que neste encontro irão continuar a reflexão, o estudo e a oração sobre a Eucaristia. Ela é o centro da vida da Igreja, é alimento e força para cada batizado. Convide-os para rezarem juntos a oração:

> *Obrigado, Senhor nosso Deus, pela Eucaristia, sacramento de vosso Filho Jesus, alimento para nossa vida. Fazei, Senhor, com que nos preparemos bem para participarmos desse sacramento do amor. Que pelo Espírito Santo nos tornemos em Cristo um só corpo e um sacrifício vivo para o louvor da vossa glória. Amém.*
>
> *Glória ao Pai...*

3. ESCUTANDO A PALAVRA

Preparar o grupo para, com atenção e reverência, ficar atento à proclamação da Palavra e convidar para ficarem em pé.

Alguém do grupo proclama o Evangelho segundo São João 6,51-58.

Um catequizando proclama o texto mais uma vez, e todos acompanham com atenção.

Ajudar o grupo a conversar e anotar os aspectos mais importantes do Evangelho de João:

- **a** O que chamou a sua atenção? Quais palavras considera mais importantes?
- **b** O que diz o texto proclamado? De que assunto está tratando?
- **c** Para quem Jesus está falando?

Compreendendo a Palavra

Jesus se proclama o verdadeiro alimento descido do céu, que nos fortalece e nos faz caminhar com segurança. "Eu sou o pão vivo descido do céu. Quem comer deste pão viverá eternamente!" (Jo 6,51). Jesus é o pão da vida que nós tocamos, vemos e vivenciamos pela Palavra e pela Eucaristia, ambas foram deixadas como sustento. A carne e o sangue de Jesus são o alimento, a vida para a nossa alma! Pela Eucaristia, nos alimentamos dessa carne e desse pão, Jesus vem morar em nós. Participar da Eucaristia plenamente é comungar o corpo e o sangue de Jesus. Ele mesmo diz: "A minha carne é verdadeiramente comida e o meu sangue verdadeiramente bebida" (Jo 6,55). Os sinais do pão e do vinho simbolizam a vida inteira de Jesus, doada, entregue pela salvação do mundo. Participar da Eucaristia é assumir as mesmas motivações de Jesus, é entrar no coração da sua entrega ao Pai. Na Eucaristia que celebramos (missa), participamos do misté-

rio de Jesus, alimentamo-nos do seu corpo e do seu sangue, alimentamo-nos da sua Palavra e saímos fortalecidos para testemunhar aquilo que experimentamos. Comer e beber o corpo e o sangue de Jesus significa que estamos dispostos a viver do jeito que Ele viveu.

Para aprofundar e refletir

O Catecismo da Igreja Católica nos ajuda a compreender mais e melhor o que refletimos no Evangelho e o sentido da Eucaristia que celebramos. Ela é o coração e o ápice da vida da Igreja, porque nela está agregada a Igreja, com todos os seus membros, ao seu sacrífico de louvor e de ação de graças, oferecido uma vez por todas na cruz a seu Pai; e é sobretudo a partir desse sacrifício que há efusão das graças da salvação sobre seu corpo, que é a Igreja (cf. CIgC, n.1407). Em cada celebração, a Eucaristia é celebrada como o memorial da Páscoa de Cristo, nos é oferecida como obra da salvação realizada pela vida, Morte e Ressurreição de Cristo, que se torna presente na ação litúrgica, onde Cristo, elevado como sumo sacerdote eterno da Nova Aliança, que, agindo pelo ministério dos sacerdotes, oferece a si mesmo como sacrifício eucarístico sob as espécies do pão e do vinho (cf. CIgC, n. 1409 e 1410).

Ler e meditar:
✓ Os números 1333, 1357 e 1339 do Catecismo da Igreja Católica.

4. MEDITANDO A PALAVRA

Motivar os catequizandos a conversarem e meditarem sobre o tema do encontro, explorando com eles:

- ✓ O que a Palavra ensina a você hoje?
- ✓ Quais são as dúvidas e as perguntas que você tem, com relação ao tema?
- ✓ Medite sobre a afirmação de Jesus: "Eu sou o pão da vida". O que isso significa?
- ✓ Outro nome que se dá à missa é Eucaristia. Então Eucaristia não é só a comunhão do pão e do vinho, corpo e sangue do Senhor, mas toda a celebração, do início ao fim, chama-se Eucaristia ou celebração eucarística. Está claro para você isso?
- ✓ O que você entende mesmo sobre a Eucaristia. É só a comunhão? Você já entendeu que a missa é a celebração da Eucaristia?

Para melhor entendimento, explique que na Eucaristia (missa) nós nos reunimos, nos acolhemos, pedimos perdão, ouvimos a Palavra de Deus, professamos nossa fé, oferecemos ao Pai e rezamos com Jesus presente na Eucaristia; comungamos o corpo e o sangue do Senhor, damos graças, recebemos a bênção e somos enviados a levar

Jesus e sua Palavra às outras pessoas. Tudo isso é Eucaristia, não apenas receber a hóstia consagrada. Eucaristia significa entrar em comunhão e viver a comunhão de vida e de amor com Jesus e com os outros.

5. REZANDO COM A PALAVRA

Após ter lido e meditado a Palavra de Deus neste encontro, convidar o grupo para a oração e motivar um tempo de silêncio para cada um fazer sua oração pessoal, sua súplica a Deus. Após esse tempo de silêncio, propor que cada um partilhe sua oração com o grupo.

Convidar, com todos em pé, ao redor da mesa com os pães e o suco preparados antecipadamente, alguém do grupo para erguer esses sinais. Durante esse momento, comente: que a Palavra de Jesus nos ajuda a compreender o que é Eucaristia quando Ele diz: "Eu sou o pão vivo que desceu do céu. Quem come a minha carne e bebe o meu sangue tem a vida eterna".

Em seguida, convidar para cantarem: *O pão da vida, a comunhão* (Pe. José Weber) ou outro canto apropriado para o momento.

Formar um círculo e, de mãos dadas, rezar juntos o Pai-nosso.

Diante da mesa já preparada para partilhar os pães e o suco, o catequista diz a oração:

> *É justo, ó Pai, louvar-te e agradecer-te por tantas coisas boas que nos dás, pelos bens da criação, pela terra, pelos frutos do trabalho humano, pelo pão e pelo vinho que partilhamos. Vem, Senhor, abençoar esta partilha e nos firmar no amor e na paz. Amém!*

6. VIVENDO A PALAVRA

A Palavra de Deus sempre deve gerar em nós o compromisso, por isso, motivar o grupo a conversar sobre o que este encontro convida a viver esta semana. Que atitude ou gesto concreto você pode assumir?

Propor ao grupo, como compromisso, uma atitude concreta, como, em casa, com os pais, rezar e refletir sobre o tema da Eucaristia.

Motivar também a convidarem os pais para participarem da celebração na comunidade, durante a semana ou no fim de semana.

LEMBRETE

✓ Para o próximo encontro, cada um deve preparar algo para partilhar, para fazermos juntos a experiência da refeição fraterna: repartir o alimento que cada um trouxe.

EUCARISTIA: CEIA DO SENHOR

Sentido do encontro

Vários nomes são atribuídos à Eucaristia: ação de graças, fração do pão, assembleia eucarística, memorial, santo sacrifício, santa e divina liturgia, santa missa, ceia do Senhor. A Eucaristia é o memorial da Páscoa de Jesus Cristo, memorial da obra realizada por sua vida, Morte e Ressurreição, atualizada na ação litúrgica. Ser um memorial não é ser uma simples recordação; significa que, cada vez que celebramos a Eucaristia, participamos do mistério da Paixão, Morte e Ressurreição de Cristo (FRANCISCO, 2014).

Objetivo

Compreender a Eucaristia como ceia do Senhor, refeição para a qual todos são convidados.

Ambientação

Preparar um ambiente alegre e festivo com flores, uma mesa com toalha (local onde, ao chegar, cada um depositará o que trouxer para ser partilhado). Ter sempre presente a vela e a Bíblia. Colocar bem visível um cartaz ou uma faixa com a frase: "Eucaristia – Ceia do Senhor".

Acolhida

Acolha com alegria cada catequizando, desejando-lhe um bom encontro.

1. OLHANDO PARA A VIDA

Propor aos catequizandos iniciar a conversa partilhando algo de bom que aconteceu na semana. Ajude também a partilhar sobre os compromissos do encontro anterior, para saber como foram vivenciados.

Comentar: hoje nosso encontro falará da Eucaristia como ceia, como refeição. É muito bonito compreender a Eucaristia assim. Não há nada mais humano e universal do que comer e beber juntos. Em todos os grupos humanos e religiões, a comida é parte integrante do culto e da tradição cristã. Hoje vamos conversar sobre a importância disso.

2. ORAÇÃO INICIAL

Acende-se a vela...

Convidar o grupo para um momento de silêncio, preparando o coração e a mente para se disporem ao encontro de hoje; pode apresentar uma música ambiente ou convidar a cantar o refrão: *Onde reina o amor*, ou outro adequado.

Convidar os catequizandos para fazerem o sinal da cruz, em seguida, rezar com o grupo a oração do Pai-nosso.

3. ESCUTANDO A PALAVRA

Motivar o grupo a ter uma atitude de escuta da Palavra de Deus com o canto: *Eu vim para escutar, tua Palavra...*, ou outro.

Convidar alguém do grupo para proclamar o texto bíblico de 1Cor 11,23-26.

Após a proclamação, propor que alguém proclame o texto mais uma vez ou que cada um leia em silêncio. A seguir, orientar o grupo a pensar sobre as questões, retomando o texto e anotando a conversa:

- (a) O que você se lembra do que foi lido? Como aconteceu o fato?
- (b) O que chamou a sua atenção?
- (c) Quem estava presente na refeição?
- (d) Quais as palavras mais importantes do texto?
- (e) Você se lembra se já refletiu sobre algum texto parecido? Qual?

Compreendendo a Palavra

A ceia do Senhor, descrita em 1Cor 11,17-34, está na raiz da missa ou da celebração eucarística. A ceia era realizada nas casas. Não se limitava a uma celebração ritual. O rito era integrado a uma verdadeira refeição, ao longo da qual o presidente da mesa abençoava o pão e o cálice, como o próprio Jesus o fizera durante a ceia, na noite da Quinta-feira Santa. Cada refeição entre os cristãos (não só na missa) lembra a última ceia de Jesus e as muitas refeições que fez durante sua vida, antes e depois da Ressurreição. Jesus, muitas vezes, comeu e bebeu com seus discípulos, nas casas. Comeu até com os pecadores. Comer e beber juntos era um gesto muito comum para Jesus. Não podia ser diferente naquela refeição que marcaria sua última refeição antes da sua entrega ao Pai. O pão eucarístico simboliza a vida cotidiana; e o vinho, aqueles momentos de profunda felicidade que nos fazem sentir que vale a pena estar vivo. Não se pode comungar com Jesus sem comungar com os que foram criados à imagem e semelhança de Deus. Não basta ir à missa e comungar. É preciso fazer da vida uma Eucaristia. Em cada Eucaristia, Jesus nos diz: "façam isto em memória de mim". Vivam e tenham os mesmos gestos que eu tive. Santo Agostinho (354-430) dizia: "Comungando tornamo-nos não apenas cristãos, mas o próprio Cristo".

Para aprofundar e refletir

Ao recebermos o corpo e o sangue do Senhor, realiza-se plenamente na comunhão a eficácia salvífica do sacrifício, visto que a Eucaristia é o verdadeiro banquete em que Cristo se oferece como alimento: "Em verdade, em verdade, vos digo: se não comerdes a carne do Filho do homem e não beberdes o seu sangue, não tereis a vida em vós" (Jo 6,53). Quando Jesus proclamou essas palavras, desejou revelar aos seus discípulos que não se trata de alimento em sentido simbólico, mas "a minha carne é, em verdade, uma comida, e o meu sangue é, em verdade, uma bebida" (Jo 6,55) (cf. EE, n. 16). Desse modo, a Eucaristia, além de ser ceia, refeição, banquete, é também sacrifício: o sacrifício de Cristo oferecido na cruz uma vez por todas e o sacrifício da Eucaristia são um único sacrifício. Por esse motivo, quando recebemos a Eucaristia, recebemos o próprio Cristo, que por nós se ofereceu na cruz (cf. CIgC, n. 1382).

Ler e meditar:
✓ Os números 1384 e 1385 do Catecismo da Igreja Católica.

4. MEDITANDO A PALAVRA

Incentivar o grupo a conversar, comentar sobre a Palavra de Deus e atualizar para a nossa vida, considerando as questões:

- ✓ O que a Palavra de Deus e este encontro dizem para você? Qual é a lição, o ensinamento, que te dão?
- ✓ Este encontro ajudou você a esclarecer o que é a Eucaristia que celebramos?
- ✓ Que nova compreensão da Eucaristia você obteve a partir deste encontro?
- ✓ Você já pensou o que implica para sua vida pessoal participar da Eucaristia mais plenamente?
- ✓ Como viver no seu cotidiano as lições da Eucaristia que celebramos?

Convidar o grupo a observar o quadro, em seus livros, que apresenta um paralelo entre os gestos de Jesus na última ceia e o que nós fazemos na missa.

O que Jesus fez na última ceia	O que nós fazemos na missa
Jesus tomou o pão.	Na preparação das oferendas, pessoas da assembleia levam o vinho e o pão ao altar.
Jesus deu graças.	Quem preside a celebração, junto a toda a assembleia, reza a oração eucarística.
Jesus partiu o pão.	Quem preside parte o pão antes da comunhão, enquanto é cantado ou rezado *Cordeiro de Deus*.
Jesus deu o pão aos seus discípulos.	Os ministros entregam o corpo e o sangue do Senhor.

5. REZANDO COM A PALAVRA

Motivar os catequizandos a fazerem sua oração em silêncio, a partir do que foi refletido no encontro, procurando expressar o que cada um deseja dizer a Deus. Depois, convide-os a partilhar com o grupo, ajudando-os a rezar.

Convidar os catequizandos para acompanharem esta motivação, que retoma o que já aprofundamos, para melhor guardar em sua mente e coração:

> *Celebrar a Eucaristia é participar da festa, do banquete, da ceia preparada para os amigos. Na festa, conversamos, partilhamos a vida, os acontecimentos. É momento de alegria pelo encontro das pessoas, partilhamos o alimento. A mesa da Eucaristia tem esse sentido também. Jesus, na última ceia, preparou tudo com muito carinho e cuidado. Os discípulos convidados eram o centro da atenção.*

Orientar que todos fiquem em pé, ao redor da mesa com os alimentos que cada um trouxe, e fazer a oração de ação de graças. A cada invocação, todos dizem:

Todos: *Nós te agradecemos, Senhor.*

– Porque estás presente no meio de nós.
– Porque a Eucaristia nos ensina sobre o amor.
– Porque contigo aprendemos a comer e beber com os amigos.
– Porque a Eucaristia é alimento para nossa vida.
– Porque aprendemos que a Eucaristia é compromisso com Deus e com os irmãos.
(*Quem quiser acrescentar outros motivos poderá fazê-lo*).

Concluir este momento rezando juntos a oração do Pai-nosso e cantando: *Pão em todas as mesas...* (Zé Vicente).

Partilhar o alimento em um clima de festa e alegria.

6. VIVENDO A PALAVRA

Motivar a fazerem silêncio e orientar que cada catequizando, diante de tudo que foi vivido no encontro, assuma um compromisso para viver ao longo desta semana (anotar).

Convidar também para um compromisso como grupo, para todos: cada catequizando deve convidar seus pais para participarem juntos da missa, no domingo. Eles devem prestar atenção na oração eucarística, observando os gestos e as palavras que lembram os gestos e palavras de Jesus na última ceia.

O ESPÍRITO SANTO CONTINUA A VIDA DE JESUS EM NÓS

Sentido do encontro

No dia do nosso Batismo, recebemos o Espírito Santo, e então começou em nós a missão de anunciar a boa-nova do Reino. Fomos confirmados na Crisma com o Espírito Santo, dom de Deus, para nos fortalecermos na decisão de continuarmos a mesma missão de Jesus no mundo. Pela força do Espírito, somos motivados e animados a viver o mesmo amor de Jesus, a só fazer o bem, assim como Jesus.

Objetivo

Compreender o Espírito Santo como dom que Jesus nos deixou para ensinar todas as coisas e nos ajudar a viver como verdadeiros discípulos.

Ambientação

Organizar o espaço em forma circular, com alguns detalhes vermelhos, o Círio Pascal ou uma grande vela, e a Bíblia.

Acolhida

Acolher com alegria os catequizandos, retomando com eles como foi a semana e o que eles têm de importante para destacar.

1. OLHANDO PARA A VIDA

Iniciar o encontro convidando o grupo para partilhar sobre o compromisso assumido no encontro anterior, pessoal e como grupo. Solicitar que comentem: o que aconteceu? Como o vivenciaram?

2. ORAÇÃO INICIAL

Acende-se a vela...

Motivar o grupo, dizendo: hoje falaremos sobre o Espírito Santo, terceira pessoa da Santíssima Trindade. Iniciemos em clima orante, fazendo juntos o sinal da cruz, e depois rezemos juntos:

> *Senhor Jesus, que enviaste vosso Espírito para clarear e nos ensinar a viver vossos ensinamentos, fazei com que estejamos sempre atentos para acolher sua inspiração e, assim, unidos a Ele, possamos viver a unidade e a comunhão com a Igreja e com os cristãos espalhados no mundo e partilhar da mesma alegria que os Apóstolos partilharam quando receberam o Espírito Santo, prometido por Jesus. Amém.*

Convidar o grupo para cantar: *Envia teu Espírito, Senhor...*, ou outro canto ao Espírito Santo. Enquanto cantam, orientar que se levantem e se aproximem do local da proclamação da Palavra.

3. ESCUTANDO A PALAVRA

Em atitude de escuta, proclamar o texto bíblico de At 2,1-10.

Convidar um catequizando para proclamar o texto mais uma vez, motivando o grupo a prestar atenção nas pessoas, nos fatos e nos sinais narrados.

Convidar o grupo para retomar e anotar:

- **a)** O que diz o texto que foi proclamado? Qual foi o acontecimento narrado?
- **b)** Identifique: onde acontece a cena e quem estava lá?
- **c)** O que você considerou importante, que chamou sua atenção?

Compreendendo a Palavra

Esse texto bíblico é lido na Solenidade de Pentecostes, chamada também de Festa do Espírito e da Nova Aliança. Aparecem aqui os símbolos fortes, que representam o Espírito: o fogo, sob a forma de línguas, e o vento forte. Tudo acontece em uma casa onde a comunidade se reúne para rezar, para celebrar. A casa dos cristãos torna-se o novo Templo de Deus. Esses cristãos, pela força do Espírito de Jesus, são impelidos a sair, a testemunhar Jesus Ressuscitado, vivo e presente na vida dos cristãos. O Espírito deixado por Jesus tem a missão de continuar, no mundo e nos cristãos, a sua mesma missão. Isso é confirmado quando Ele mesmo diz: "Recebereis uma força, a do Espírito Santo que o Pai enviará em meu nome, ele vos ensinará tudo e vos recordará tudo o que eu vos disse" (Jo 14,26). No entanto, o testemunho cristão pode provocar conflitos na comunidade, com aqueles que não acreditam em Jesus e no anúncio dos Apóstolos. A mensagem do Evangelho precisa ser universal, deve ser compreensível para todos, a fim de que o Reino de Deus, implantado "aqui e agora" evidencie as maravilhosas obras do Espírito Santo para o mundo, por meio da vida dos cristãos de hoje. Assim, a Igreja, formada por todos os que aderiram com fé a Cristo Ressuscitado, continua no mundo os seus gestos salvadores. Isso só é possível porque quem atua no tempo da Igreja é o Espírito do mesmo Cristo.

Para aprofundar e refletir

Para santificar a obra que o Pai havia confiado ao Filho para realizar na Terra, o Senhor enviou o Espírito Santo no dia de Pentecostes para iluminar e santificar a Igreja. Essa ação do Espírito Santo deu força e coragem aos discípulos e, em nome da Igreja, que, por sua própria natureza, é missionária, eles manifestaram publicamente a efusão do Evangelho em prol da salvação da humanidade (cf. CIgC, n. 767). O Papa Paulo VI apresenta o Espírito Santo como o principal agente da evangelização: o Espírito Santo é o agente principal da evangelização, porque por intermédio d'Ele, o Evangelho penetra no coração do mundo, fazendo discernir os sinais dos tempos, os sinais de Deus, suscitando nova criação e convocando os cristãos a viverem a unidade na diversidade que a mesma evangelização deseja promover na comunidade cristã (cf. EN, n. 75).

Ler e meditar:
✓ Os números 732, 737, 1076 e 1287 do Catecismo da Igreja Católica.

4. MEDITANDO A PALAVRA

Motivar o grupo a conversar e a meditar a Palavra de Deus, procurando entender o que ela diz para a nossa vida. As perguntas podem ajudar:
- ✓ O que o encontro e a Palavra que ouvimos dizem para você hoje?
- ✓ Qual é o ensinamento que oferece a você e ao grupo?
- ✓ Você sente a ação do Espírito Santo atuando em sua vida?
- ✓ Como o Espírito se manifesta? Quais os sinais de sua presença?
- ✓ Na sua comunidade, as pessoas e as lideranças agem animadas pelo Espírito ou são grupos fechados e que agem por conta própria? Comente.

5. REZANDO COM A PALAVRA

Motivar o grupo a se perguntar: o que o encontro e a Palavra sobre a qual hoje refletimos me fazem dizer a Deus? Fazer silêncio para que cada um faça sua oração pessoal.

A seguir, convidar o grupo a partilhar a oração de maneira espontânea.

Incentivar os catequizandos a rezarem o louvor ao Deus da vida com o Salmo 104(103),1-12.

Depois motivar a cantarem: "*Vem, vem, vem, vem, Espírito Santo de amor*, ou outro canto apropriado.

6. VIVENDO A PALAVRA

Convidar o grupo para pensar juntos qual compromisso o encontro motiva a assumir.

Propor que cada um preste atenção na sua vida diária, nas suas ações, se provêm do Espírito de Deus ou apenas da própria vontade e dos gostos pessoais?

4° | TEMPO

MISTAGOGIA

INICIADOS NA FÉ, SOMOS FORTES NAS ADVERSIDADES

Sentido do encontro

Cada cristão é chamado para seguir Jesus Cristo, fazendo o que Ele fez. Cristo não começou a sua missão anunciando a si mesmo, mas anunciando o Reino de Deus. Era difícil para o povo entender o que era o Reino anunciado; por isso, Jesus falava em parábolas, que usam imagens tiradas da realidade da vida para esclarecer outra realidade relacionada ao Reino de Deus (cf. MESTERS, 1971). Em suas parábolas, Jesus falava da vida, do Reino, do amor, do julgamento, da misericórdia de Deus, da Palavra aceita ou rejeitada.

Objetivo

Reconhecer os valores do Reino de Deus e as consequências para a nossa vida quando somos guiados por eles.

Ambientação

Bíblia, vela, colocar no chão imagens de situações de contraste: jovens com meios modernos, nas redes sociais, com roupas de grife, e outros sem oportunidades; salas com grandes banquetes e pobres ajuntando comida do lixão, pedindo nas ruas; jovens em grupo, consumindo drogas, e outros participando de grupos de jovens cristãos.

Acolhida

Receber os catequizandos afetivamente, manifestando a alegria por estarem juntos em mais um encontro.

1. OLHANDO PARA A VIDA

Motivar o grupo a conversar e partilhar como cada um viveu o compromisso assumido no encontro anterior. Conduzir a conversa de modo que todos possam falar da sua experiência.

A seguir, introduzir o encontro com a seguinte reflexão: Hoje, Jesus convida cada um de vocês para refletir sobre a sua vida, atitudes, as opções que cada um faz diante das várias propostas que nos são oferecidas no dia a dia. Às vezes, encontramos dificuldades em fazer aquilo que Deus nos pede.

Convidar a olhar para as imagens apresentadas no ambiente e questionar: o que vemos? Onde vivemos, existe essa realidade? Por que isso acontece? Quais as consequências para a nossa vida quando não fazemos a vontade de Deus ou fazemos escolhas erradas?

Reservar tempo para refletirem sobre essa realidade.

2. ORAÇÃO INICIAL

Acende-se a vela...

Motivar o grupo a fazer um momento de interiorização, de silêncio e oração pessoal com uma música ambiente, instrumental.

3. ESCUTANDO A PALAVRA

Iluminados pelo Espírito de Deus, convidar para estarem atentos às escuta da Palavra.

Convidar alguém do grupo para proclamar o Evangelho segundo São Mateus 22,1-14.

A seguir, propor ao grupo retomar o texto, refletir e anotar, identificando:

- **a** Sobre o que diz o texto?
- **b** Por que os primeiros convidados rejeitaram o convite para participar do banquete que o rei tinha preparado? Como reagiram?
- **c** Qual foi a reação do rei diante do "não" dos convidados?
- **d** Apesar de muitos não aceitarem o convite, o rei não desiste do banquete e manda chamar outras pessoas. Quem foram essas pessoas?
- **e** Havia um que não estava usando o traje de festa. O que significa?

Compreendendo a Palavra

O primeiro versículo nos insere diretamente no contexto e nos faz perceber que essa parábola é a continuidade de um discurso já iniciado: "Jesus voltou a falar em parábolas". Assim, "Jesus, usando a imagem de um casamento, dirige-se aos chefes dos sacerdotes, aos anciãos e aos fariseus que criticavam sua opção pelos pobres" (cf. GUIMARÃES; CARPANEDO, 2001). É surpreendente a imagem com a qual o Reino é comparado: "O Reino dos Céus é como a história do rei que preparou a festa de casamento do seu filho" (Mt 22, 2). O Rei representa Deus e Jesus, o seu filho herdeiro, o Messias. Os enviados são os Apóstolos e os profetas, os convidados que rejeitam o convite são os judeus. Os convocados das encruzilhadas são os pecadores e os pagãos (cf. BÍBLIA DE JERUSALÉM, 1981, notas de rodapé). Portanto, dois elementos se destacam nessa parábola: o primeiro convite para a festa é a um grupo privilegiado, aos quais foram enviados convites com muita antecedência, com tempo suficiente para se prepararem. Mas eles, com o coração marcado pela ingratidão e afeiçoados aos seus bens, apegos e interesses, fazem-se de surdos diante do convite, rejeitam-no, e o mais grave, até matam os enviados. O campo, os negócios, os interesses pessoais são mais importantes que a festa da vida. O segundo elemento da parábola refere-se aos que, posteriormente, foram conduzidos ao banquete: maus, bons, pecadores e estrangeiros recolhidos ao longo das estradas. No entanto, o convite não deixa de ser um alerta tanto para os que o recusaram como para os que, o aceitando, aproximam-se indignamente da festa. A partir do versículo 11, a Bíblia aborda o juízo final, dizendo que quem está com a veste diferente, isto é, aqueles que não aceitam o projeto de Deus, não aceitam Jesus como o Filho de Deus, não estão aptos a participarem do banquete que Ele oferece, pois não estão dispostos à conversão, à mudança de vida. O fato de ser uma festa de casamento lembra o amor, elemento indispensável para a vida da comunidade. A parábola nos ensina que é um privilégio ser convidado para a festa do Reino, para a Aliança com Deus. Para essa festa, todos estão convidados: os mais próximos, os distantes, os que foram colocados à margem (BÍBLIA DO PEREGRINO, 2017).

Para aprofundar e refletir

Quando somos feridos injustamente, guardamos ressentimentos e rancor. Porém o Senhor nos ensina que é preciso revestir-se do seu amor, superar as mágoas e renovar a cada dia o nosso coração, que deve estar totalmente voltado para a prática do bem (FRANCISCO, 2017). A comunidade missionária, fazendo a experiência desse amor, consegue seguir em frente, tomar iniciativa sem medo, ir ao encontro, em busca, dos afastados e convidá-los a fazerem parte do banquete do Senhor, pois não é possível dizer "Senhor! Senhor!" sem viver e praticar a vontade de Deus (cf. Mt 7,21) (cf. EG, n. 24).

Ler e meditar:
✓ Os números 311, 733 e 1723 do Catecismo da Igreja Católica.

4. MEDITANDO A PALAVRA

Introduzir este momento de meditação ajudando o grupo a perceber que o Evangelho que ouvimos revela o profundo amor que Deus tem para conosco, pois, apesar dos nossos "nãos", Ele nunca desiste de nós. O Papa Francisco diz aos jovens: "Antes de tudo, quero dizer a cada um a primeira verdade: 'Deus te ama', nunca duvides, apesar do que te aconteça na vida. Em todos os momentos, és infinitamente amado" (CV, n. 112). Diante do grande amor que Deus tem para conosco, podemos olhar para a nossa vida e nos perguntarmos:

- ✓ O que a Palavra de Deus diz para você?
- ✓ Qual é a mudança de vida que a Palavra meditada hoje te pede?
- ✓ Quais são as desculpas ou os ídolos que tiram o lugar de Deus em sua vida? A quem você serve?

5. REZANDO COM A PALAVRA

Após a meditação da Palavra, convidar os catequizandos para fazerem silêncio e orar, questionando-se:

- ✓ O que a Palavra que ouviu e meditou faz você dizer a Deus?

Motivar que cada um faça as suas preces espontâneas. Após cada prece, orientar a agradecerem dizendo:

Todos: *Senhor, obrigado por nos amar. Conta conosco!*

Motivar a rezarem juntos a Consagração a Nossa Senhora, pedindo para que ela nos ajude a pôr em prática a Palavra sobre a qual meditamos:

> *Ó minha senhora e minha Mãe, eu me ofereço todo(a) a vós e, em prova da minha devoção para convosco, vos consagro, neste dia e para sempre, os meus olhos, meu ouvidos, minha boca, meu coração e, inteiramente, todo o meu ser: e porque assim sou vosso(a), ó incomparável Mãe, guardai-me, defendei-me como filho(a) e propriedade vossa. Amém!*

Canto: *Dai-nos a bênção, ó Mãe querida, Nossa Senhora Aparecida!*

6. VIVENDO A PALAVRA

Convidar para assumir um compromisso concreto para a semana, explicando que viver a Palavra de Deus é sempre um desafio para todos nós. Mas Deus continua convidando cada um para o seu banquete, para as celebrações, para a Eucaristia. Como está sua participação na comunidade?

Propor que nesta semana cada um pense sobre o que irá assumir de concreto para mudar sua vida e renunciar ao que desvia do plano de Deus. Motivar os catequizandos a, todos os dias, à noite, avaliarem o que conseguiram fazer ou viver e anotarem para dividir com o grupo da catequese na próxima semana.

INICIADOS NA FÉ, SOMOS JOVENS CRISTÃOS, COMPROMETIDOS COM O ANÚNCIO DO REINO DE DEUS

Sentido do encontro

Jesus, em sua vida terrena, cumpriu a missão que recebera do Pai. E, antes de retornar ao Pai, Ele nos confiou sua missão (cf. Mt 28,19s.). O anúncio da boa-nova é uma nova prática, fruto da experiência que Jesus tinha do Pai e que o levava a ter atitudes diferentes daquelas dos líderes do seu tempo. Jesus amou a todos e deu uma atenção especial aos pobres, pecadores e doentes; enfrentou dificuldades, foi rejeitado, foi morto, mas o Pai o ressuscitou. Ele nos ensina a enfrentar os desafios da nossa missão confiantes no Espírito Santo que Ele nos enviou e com a certeza de que Ele estará sempre conosco.

Objetivo

Reconhecer e compreender o compromisso cristão de viver e anunciar o Evangelho.

Ambientação

Bíblia, imagem ou figura de Jesus, vela e um cartaz com o tema do encontro. Preparar, recortado em papel, um pé para cada catequizando; uma mochila; recortes de jovens em missão na cidade, no campo e nas favelas; figuras de missionários e missionárias (leigos, religiosos, sacerdotes).

Acolhida

Acolher com alegria os catequizandos, retomando com eles como foi a semana e o que eles têm de importante para destacar.

1. OLHANDO PARA A VIDA

O catequista ajuda o grupo a lembrar o que foi refletido no encontro anterior, de que nem sempre é fácil seguir os passos de Jesus, pois são tantos os ídolos que nos desviam do caminho de Deus, tornando-nos pessoas tristes, infelizes e a nossa vida sem sentido.

Motivar o grupo a fazer a partilha de como conseguiram viver o compromisso que assumimos para a semana. Como se sentiram nessa experiência?

Em seguida, introduzir o tema do encontro, dando continuidade à reflexão sobre o nosso compromisso de cristãos no ambiente onde vivemos. Comentar que, assim como Jesus enviou os Apóstolos e discípulos, hoje Ele nos envia para continuar a sua missão.

Convidar para observarem os símbolos presentes no encontro e expressarem: o que vemos? Que significados têm? O que significa ser um missionário? Você conhece alguém que deu a vida por Jesus? O que você admira nessas pessoas?

2. ORAÇÃO INICIAL

Acende-se a vela...

Motivar o grupo a fazer oração, iniciando com o canto: *Ó luz do Senhor*, ou outro condizente com o momento.

Na sequência, convidar para fazerem o sinal da cruz, dizendo: estamos aqui reunidos em nome da Trindade Santa, por isso iniciemos dizendo juntos: *Em nome do Pai e do Filho e do Espírito Santo.*

Convidar para cantarem: *Deixa-me ser jovem* ou M*e chamaste para caminhar na vida contigo.*

3. ESCUTANDO A PALAVRA

Propor um momento de silêncio para bem escutar a Palavra de Deus.

Convidar alguém do grupo para proclamar o Evangelho de Mateus 10,16-26.

Depois, convidar cada catequizando para ler novamente o texto bíblico, em silêncio. Na continuidade, pedir que cada um repita e anote uma palavra ou uma frase que chamou atenção no texto, respondendo:

- (a) Qual é o assunto do texto? Para quem Jesus está falando?
- (b) Quais as orientações que Ele dá àqueles que foram enviados?
- (c) Quais as dificuldades que os discípulos encontraram na missão?

Compreendendo a Palavra

O texto bíblico proposto para o encontro está relacionado com o Capítulo 10 do Evangelho de Mateus. Jesus fala sobre seus discípulos e discípulas, que acolheram o seu chamado e foram enviados em missão. Essa missão deve ser compreendida como a atenção, presença e ajuda para com as pessoas próximas que precisam de apoio, carinho, solidariedade, ajuda e uma mensagem de esperança mediante a Palavra de Deus. A missão da comunidade cristã é dar continuidade ao ensinamento e à prática de Jesus, junto aos mais pobres e necessitados. Essa missão certamente não será fácil, terá desafios e dificuldades, haverá perseguições, serão levados aos tribunais para serem julgados, serão presos, mas isso nos lembra a bem-aventurança de Jesus: "Felizes vocês se forem insultados e perseguidos, e se disserem todo tipo de calunia contra vocês, por causa de mim. Fiquem alegres e contentes, porque será grande a recompensa no céu" (Mt 5,11-12).

A certeza da presença do Ressuscitado e do seu Espírito no meio deles, animando-os e fortalecendo-os na missão, faz deles pessoas corajosas, capazes de levar adiante, sem medo, a proclamação da sua fé e de anunciar a proposta de Jesus, os valores do Reino, até dar a própria vida como testemunha de sua fé.

Para aprofundar e refletir

O Papa Francisco, na Jornada Mundial da Juventude (30 de julho de 2016), em Cracóvia, na Polônia, durante a vigília de oração, falou aos jovens sobre a importância da missão, de fazer a diferença no mundo em que vivemos. Mencionou que no dia de Pentecostes os discípulos estavam dentro de casa com as portas fechadas, por medo do que tinha acontecido com o Senhor. Sentiam-se ameaçados por um ambiente que os perseguia e obrigava-os a ficarem ali paralisados e sem coragem de tomar qualquer atitude diante do acontecido. Mas o Senhor, naquele dia, cumpre o que prometeu enquanto estava junto a eles, envia o Espírito Santo, que pousa sobre os Apóstolos como línguas de fogo, e eles ficaram repletos do Espírito e começaram a proclamar as "maravilhas do Senhor" (At 2,11). A partir desse momento, a missão de Cristo e do Espírito passa a ser responsabilidade da Igreja: "Como o Pai me enviou, também eu os envio" (Jo 20,21)(cf. CIgC, n. 730).

Ler e meditar:
✓ Os números 737, 741 e 747 do Catecismo da Igreja Católica.

4. MEDITANDO A PALAVRA

Convidar o grupo para meditar a Palavra que foi proclamada, motivando-os a compreender o que ela ensina a cada um e ao grupo.

- ✓ O que a Palavra de Deus que acabamos de ouvir diz para você?
- ✓ Quais são os seus medos ao viver, ao testemunhar e ao anunciar Jesus Cristo?
- ✓ Você está disposto(a) a seguir Jesus Cristo e a fazer o que Ele fez?
- ✓ Qual a mudança de vida que a Palavra de Deus pede para você?
- ✓ E quais as dificuldades que você encontra para viver essa Palavra?
- ✓ Você já se sentiu ridicularizado ou rejeitado por ser cristão, por estar no caminho da catequese, por ir à Igreja? Como você lida com isso e o que te faz perseverar?

Ajudar o grupo a meditar e confrontar-se com esta Palavra.

5. REZANDO COM A PALAVRA

Propor um tempo de silêncio e oração pessoal, de diálogo com Deus, e, em seguida, convidar para formularem a oração que brotar do coração. Orientar para anotarem e, após, partilhar com o grupo de maneira orante e espontânea. Depois, entregar a cada um o desenho de um pé, para que nele escrevam o próprio nome e a frase: Jesus, eu quero te seguir sem medo. Conte comigo!"

Após cada um escrever, convidar a depositarem o desenho aos pés da imagem de "Jesus", lendo o que está escrito.

Concluir este momento com a oração do Pai-nosso, da Ave-Maria e de Glória ao Pai.

6. VIVENDO A PALAVRA

Motivar o grupo a pensar em um compromisso para esta semana, podendo propor a ideia de visitar um colega ou alguém que está afastado da comunidade, convidando-o a participar, dizendo-lhe que Jesus o ama muito.

Incentivar a, nesse gesto, cada um perceber e registrar a reação do(a) amigo(a) e como ele mesmo se sentiu. Solicitar a partilharem essa experiência no próximo encontro com o grupo. Ainda, motivar a, nesta semana, à noite, antes de dormir ou pela manhã, ao se levantar, rezarem o Salmo 23.

INICIADOS NA FÉ CRISTÃ, ANUNCIAMOS JESUS

Sentido do encontro

No livro dos Atos dos Apóstolos, lemos sobre a importância de permanecer no seguimento de Jesus, alimentando nossa fé pela participação na vida da comunidade. Após a morte de Jesus, os Apóstolos e seus primeiros seguidores continuaram a frequentar o templo, professando a fé no Ressuscitado. Eles eram perseverantes na fé, na oração, na partilha do pão e no anúncio da Palavra, que leva à conversão, e a cada dia aumentava o número de pessoas que seguiam Jesus e, com alegria, anunciavam as maravilhas de Deus em sua vida (cf. At 2,42-47).

Objetivo

Reconhecer o compromisso do cristão de anunciar Jesus Cristo aos irmãos, colaborando com a construção de uma sociedade justa e fraterna.

Ambientação

Bíblia, vela e figuras de pessoas em situação de miséria.

Acolhida

Receber todos com alegria e, incentivando a participação no encontro.

1. OLHANDO PARA A VIDA

Convidar os catequizandos para que, ao iniciar o encontro, partilharem sobre quem conseguiu e como foi a visita a um colega afastado da comunidade. Patilhar também qual foi a reação da pessoa que foi visitada. Deixe um espaço de tempo para cada um relatar sua experiência.

2. ORAÇÃO INICIAL

Acende-se a vela...

Motivar um clima orante para iniciar o encontro com o refrão: *O Senhor é o meu pastor* ou outro canto à escolha.

Convidar para fazerem o sinal da cruz.

Com estas ou outras palavras, introduzir o tema do encontro: "Iniciados na fé cristã, anunciamos Jesus". Em seguida, convidar para, no silêncio do coração, olharem para o cenário que está preparado com os símbolos, imagens e outros elementos e se perguntarem: o que falam para mim? Que sentimentos despertam em mim?

Deixar que observem e, se quiserem falar, deixar que se expressem.

Se for oportuno, convidar para cantarem: *Vem, Espírito Santo, vem, vem iluminar...* ou outro canto ao Espírito Santo.

3. ESCUTANDO A PALAVRA

Comentar: Assim, motivados e com a luz do Espírito de Deus, escutemos a Palavra de Deus que será proclamada.

Proclamar ou encenar o texto bíblico de At 3,1-10.

Ler o texto duas vezes. Depois, motivar os catequizandos a recontarem o texto bíblico e anotarem:

- (a) Quais são os personagens do texto?
- (b) Qual a ação de cada um?
- (c) Quem são os paralíticos hoje? Por que existem pessoas em situação de pobreza, de miséria?

Compreendendo a Palavra

No tempo de Jesus, eram muitas as pessoas que viviam situações de exclusão, por causa da pobreza, de doenças e de diferentes realidades que os impediam de conviver pacificamente no contexto da sociedade e da comunidade. Eram pessoas necessitadas de ajuda em todos os sentidos, de serem acolhidas como pessoas humanas com vida e dignidade. O texto de Atos 3,1-10 traz presente essa realidade de pobreza e dificuldade de sobrevivência que levava as pessoas a pedirem ajuda. Os primeiros cristãos, como seguidores de Jesus Cristo, procuravam viver e testemunhar Jesus vivo e ressuscitado, tendo atenção aos necessitados que os procuravam. Era comum encontrar na porta do Templo essas pessoas buscando consolo, saúde, e pedindo esmolas. Pedro e João, que frequentavam o Templo, deparam-se com um homem coxo de nascença, junto à porta; ele pedia esmolas e esperava recebê-la. Pedro assume a atitude e a prática de Jesus, olha, fala, toca e ajuda o homem a se levantar, em nome de Jesus

de Nazaré. O grande destaque aqui são os verbos que indicam a atenção e va-
lorização da pessoa humana, independentemente da sua condição: olhar-ver,
falar, levantar-tocar. Assim diz Pedro: "Olha para nós!", que significa "acredi-
te", e na sequência fala com o homem, criando proximidade: "Não tenho ouro
nem prata, mas o que tenho eu lhe dou: em nome de Jesus Cristo, o Nazareno,
levante-se e comece a andar!" (At 3,6). Assim, revela que a Palavra de Jesus
cura e liberta. Ainda seguindo as ações, destaca-se o levantar-tocar em que
"Pedro pegou a mão direita do homem e o ajudou a se levantar, e, na mesma
hora, os pés e os tornozelos do homem ficaram firmes". Saiu louvando a Deus.
Só o nome de Jesus pode curar as pessoas, das paralisias, das doenças, da dor e
da falta de esperança e fazer andar, caminhar com dignidade e com liberdade.

Para aprofundar e refletir

Todos os batizados têm uma missão, e essa é a razão pela qual existimos e vi-vemos nesta Terra. O fato de nos encontrarmos neste mundo, sem ser por nossa decisão, faz-nos intuir que há uma iniciativa que nos antecede e nos faz existir. Cada um de nós é chamado a refletir sobre essa realidade: "Eu sou uma missão nesta terra, e para isso estou neste mundo" (EG, n. 273). O Papa Francisco (2018) convida os jovens a não terem medo de Cristo e da Igreja, ali está o tesouro da fé e onde se encontra alegria de viver. Ele destaca que a vida apresenta sofrimentos, angústias, incertezas e desafios que desfiguram o rosto dos irmãos e irmãs, porém quem está com Jesus encontra a força e a coragem para amar cada vez mais e a se entregar com generosidade ao serviço do Evangelho e dos irmãos.

A Igreja de Cristo, porque feita de pessoas humanas e limitadas, corre o pe-rigo de perder o entusiasmo, porque deixam de escutar o apelo do Senhor, de se fortalecer na fé, de ser perseverantes na oração, e se desviam à procura de fal-sas seguranças mundanas. Na exortação apostólica pós-sinodal *Christus Vivit*, o papa menciona que, em meio a essas situações: "São precisamente os jovens que a podem ajudar a permanecer jovem, não cair na corrupção, não parar, não se orgulhar, não se transformar numa seita, ser mais pobre, estar perto dos últimos e descartados, lutar pela justiça, deixar-se interpelar com humildade" (CV, n. 37).

4. MEDITANDO A PALAVRA

Ajudar o grupo a meditar a Palavra de Deus:

- ✓ O que a Palavra de Deus diz para você?
- ✓ Olhando para sua vida, o que o paralisa, cria dependência? Você depende sempre dos outros para tomar qualquer decisão?
- ✓ Você sempre espera que alguém faça algo para você?

- ✓ Qual é o seu olhar para os pobres, doentes ou pessoas que precisam de ajuda?
- ✓ Existem, em sua cidade, na sua rua ou na comunidade, paralíticos hoje? Quem são?
- ✓ Por que existem pessoas em situação de miséria?

5. REZANDO COM A PALAVRA

Comentar com o grupo que, uma vez curado, o coxo fez a sua oração de louvor a Deus. Orientar então que cada um faça sua oração de louvor, de agradecimento a Deus, a partir da Palavra sobre a qual meditamos.

Na sequência, convidar para elaborarem preces de louvor e agradecimento, e, após cada prece, todos respondem: "Obrigado, Senhor, porque nos ama e nos envia em missão!"

Concluir este momento rezando juntos a oração do Pai-nosso, da Ave-Maria e Glória ao Pai.

Se oportuno, propor o canto: *Senhor, se Tu me chamas, eu quero te ouvir*, ou outro adequado ao momento.

6. VIVENDO A PALAVRA

Motivar o grupo a ler em casa o texto bíblico de Lc 7,11-17 e escrever em suas anotações:

- ✓ O que mais chamou a sua atenção nos gestos de Jesus?
- ✓ Como Ele vê as pessoas e o que faz para ajudá-las?

Refletir com o grupo a expressão do papa "Que faria Cristo no meu lugar?" quando falou aos jovens em 2018 sobre seu protagonismo, dizendo que este consiste em fazer o que Jesus fez, onde quer que se encontrem, questionando-se: que faria Jesus no meu lugar?

Convidar cada um a pensar durante a semana sobre essa pergunta, realizando uma análise sobre como é o seu olhar, ver, julgar e ajudar. Eles são iguais aos de Jesus? Peça que escrevam o resultado da análise e de suas experiências.

Desafio: além de ler, meditar e observar os gestos de Jesus em suas atitudes, faremos um desafio concreto: em duplas, acompanhados pelos pais, os catequizandos devem sair pela rua e se aproximar das pessoas em situação de vulnerabilidade. Conversar com elas, procurando saber seus nomes, onde moram, e reconhecendo-as como pessoas dignas de atenção.

DAR DA NOSSA POBREZA

Sentido do encontro

Dízimo é muito mais que uma paga (um reembolso) ou uma contribuição. É um compromisso de amor e fé, de reconhecimento e gratidão! O que somos, temos e produzimos são as bênçãos do Senhor sobre a nossa vida.

"O dízimo é uma bênção na vida daquele que crê na força da proclamação da Palavra, tem fé na Trindade Santa e, por isso, apresenta sua vida como oferenda viva, e sabe o valor que tem ofertar o dízimo na comunidade" (CALVO, 2011, p. 12).

Objetivo

Compreender o dízimo como doação, partilha e compromisso cristão.

Ambientação

Bíblia, vela, corações recortados conforme o número de catequizandos (pode ser papel sulfite ou cartolina), um bolo.

Em cada coração, colocar uma citação bíblica sobre o dízimo: 1Crônicas 29,10-17; Malaquias 3,8-12; Dt 14,28-29; Dt 26,12-15; Mc 12,41-44; 2Cor 9,7; Atos 2,44-45. O catequizando deverá procurá-la em sua Bíblia e anotar o versículo no coração de papel que receber.

Caso o número de catequizandos seja maior do que as citações disponíveis, pedir para escreverem uma prece.

Acolhida

Acolher os catequizandos com alegria, agradecendo sua presença e participação nos encontros catequéticos.

1. OLHANDO PARA A VIDA

Motivar o grupo a recordar o encontro anterior e a conversar sobre o compromisso que foi assumido no encontro da semana passada e como foi vivido.

2. ORAÇÃO INICIAL

Acende-se a vela...

Criar um clima orante com um canto ou uma música, motivando o grupo a participar bem do encontro. Sugere-se cantar o refrão: *Eis-me aqui, Senhor*!

Convide para que, juntos, rezarem:

> *Senhor, Pai de infinita bondade, ao ouvir a tua Palavra, que eu a compreenda, a guarde no coração e, acima de tudo, que ela seja expressada no meu dia a dia, no meu pensar, no meu falar, no meu agir. Ajuda-nos, Senhor, a sermos testemunhas humildes, sinceras e caridosas. Amém.*

3. ESCUTANDO A PALAVRA

Convidar para, em pé e com atenção, escutarem a proclamação da Palavra.

Proclamar o Evangelho segundo São Lucas 21,1-4.

Convidar um catequizando para ler mais uma vez.

Motivar a contarem, com suas próprias palavras o fato narrado no texto bíblico.

Orientar a refletirem e anotarem as percepções a partir das questões:

- ✓ Quais os personagens que aparecem no texto? Onde estão? Que gestos e atitudes eles têm?
- ✓ O que o gesto da viúva faz você recordar?

Compreendendo a Palavra

No texto que ouvimos, Jesus, sentado em frente ao Tesouro do Templo, viu pessoas ricas lançando ofertas e, também, uma viúva pobre, que lançava duas moedas (cf. Lc 21,1s.). Jesus observou que os ricos lançavam mão das sobras, mas a viúva dava todo o seu dinheiro. Ela reconhecia que tudo o que tinha vinha de Deus, e a Ele devolvia a melhor parte. Essa mulher nos ensina que a devolução do dízimo é um gesto consciente de gratidão por tudo aquilo que somos e pelo que nosso Senhor nos concede: o cristão dizimista tem o coração voltado para as coisas do alto. Sua vida não é atrelada aos bens materiais, e sim a Deus: comunhão com a Igreja e com o próximo, vivência comunitária. O desapego não implica necessariamente não ter ou não saber o valor das coisas. Precisamos ter consciência de que o dinheiro é necessário para a nossa vida, mas também para a vida dos mais necessitados. A viúva entregou tudo por amor e pela fé no Deus da vida. Confiou e se consagrou mediante o gesto de generosidade. Fez o que estava em seu coração e agradou ao Senhor. "Em tudo o que fiz, mostrei a vocês que mediante trabalho árduo devemos ajudar os fracos, lembrando as palavras do próprio Senhor Jesus, que disse: Há maior felicidade em dar do que em receber" (At 20,35).

Para aprofundar e refletir

O dízimo é partilha, ou seja, do que eu recebo todos os meses com o esforço do meu trabalho, entrego uma parte para que a Igreja possa ser sustentada materialmente no plano de ação evangelizadora. O dízimo não é arrecadação de dinheiro para a paróquia. É, sim, e acima de tudo, uma espiritualidade. Qual a fundamentação da espiritualidade do dízimo? É o espírito de família! Somos a família cristã, a assembleia dos chamados e batizados. Na família, quem começa a trabalhar deve colaborar com as despesas da casa, a fim de que ela se mantenha. Se não é assim, não existe sentido de pertença à família. E os pais cobram dos filhos que colaborem enquanto estão dentro da casa. E alguns filhos têm tanto espírito de pertença que, mesmo depois que deixam a casa para fundar a sua família, casando-se, continuam enviando uma colaboração aos pais, como forma de agradecimento por tudo o que o pai e a mãe fizeram por eles. Ser dizimista é demonstrar que se sente pertencente a uma comunidade que é a verdadeira família de Deus! Não ser dizimista demonstra o contrário!

Ler e meditar:
- ✓ Os números 1351 e 2043 do Catecismo da Igreja Católica.
- ✓ Os números 6 e 10 do Documento 106 da CNBB: *Dízimo na comunidade de fé: orientações e propostas.*
- ✓ Papa: atenção com o consumismo; a generosidade alarga o coração (26 de novembro de 2018). Disponível em: https://www.vaticannews.va/pt/papa-francisco/missa-santa-marta/2018-11/papa-francisco-missa-santa-marta-consumismo.html. Acesso 14 de set. 2023.

4. MEDITANDO A PALAVRA

Motivar o grupo a refletir sobre a Palavra que foi proclamada:
- ✓ O que a Palavra que ouviu diz para você, que apelos ela te faz?
- ✓ Sou capaz de partilhar o pouco que tenho doando algo de que não faço mais uso? Ou, melhor ainda, doando algo que tenho a mais para uma pessoa necessitada?
- ✓ Você consegue reconhecer e agradecer a Deus por tudo que tem em sua vida?

- ✓ Sua família ajuda instituições com doação de alimentos ou outros itens, quando solicitada? Contribui com alguma instituição de caridade, projeto do bairro ou da cidade?
- ✓ Você é dizimista? Se sim, o que motivou você a ser dizimista? Se não, o que te impede de ser?

Explicar aos catequizandos que a doação de cada um mantém a Igreja em nossa comunidade, além dos espaços em que nos reunimos, água, luz, salário dos funcionários, salário do pároco, projetos de evangelização, assistência aos mais pobres etc. Que sozinhos fazemos pouco, mas com a participação de cada um, ainda que pequena, diante de Deus, torna-se muito.

5. REZANDO COM A PALAVRA

Propor ao grupo que, após ter meditado a Palavra, estabeleça um diálogo com Deus, fazendo sua oração a partir daquilo que vem do coração. Reservar um tempo para cada um elaborar em silêncio sua oração.

Em seguida, entregar as partes do coração, já recortadas, a cada catequizando. Convidá-los para, juntos, montarem o quebra-cabeça em forma de coração, um de cada vez, lendo as citações bíblicas ou fazendo a prece que escreveram no coração. Depois, convidar para rezarem juntos a oração do Pai-nosso.

Concluir este momento motivando a rezarem juntos a oração do dizimista:

Recebei, Senhor, minha oferta! Não é esmola, porque não sois mendigo. Não é contribuição, porque não precisais. Não é o resto que me sobra que vos ofereço. Essa importância representa meu reconhecimento, meu amor. Pois, se tenho, é porque me destes. Amém.

6. VIVENDO A PALAVRA

Motivar o grupo a pensar e a assumir o compromisso de despertar os catequizandos e as famílias que ainda não são dizimistas, incentivando-os a fazer parte.

Combinar com o grupo e marcar um horário para conversar com o padre e a coordenação da Pastoral do Dízimo para conhecer melhor como está organizado o dízimo na paróquia.

Solicitar que os catequizandos, nas missas, auxiliem na coleta (cestinhos), no ofertório ou com cartazes com dizeres sobre o dízimo, por exemplo: "Eu sou dizimista, amo a minha Igreja. Deus ama quem dá com alegria" (2Cor 9,7).

No fim do encontro, dividir o bolo, como gesto de solidariedade e partilha.

ORIENTAÇÃO VOCACIONAL E PROFISSIONAL

Sentido do encontro

A palavra "vocação" (do latim *vocare*, isto é, ação de chamar) supõe o encontro de duas liberdades: a liberdade de Deus que chama e a liberdade do homem que responde a esse chamado. Deus chama todos à santidade, mas as respostas são diferentes. São as chamadas vocações específicas: vocação matrimonial, sacerdotal, vida consagrada, leigos, missionários. Todas as vocações têm a missão de dar continuidade à missão do Senhor, assumindo seu Batismo na comunhão e na cooperação na Igreja e no mundo. Profissão e vocação parecem ser a mesma coisa, mas não é assim. A profissão é um trabalho ou uma atividade especializada dentro da sociedade, dependente de alguma habilidade. Profissão e vocação se referem ao futuro e podem até apontar para uma mesma direção, mas há diferenças entre elas.

Objetivo

Reconhecer a vocação e a profissão como formas de seguimento de Jesus Cristo.

Ambientação

Bíblia, imagem de Jesus, vela, sal, uma folha com o quadro sobre "*o que é vocação, e o que é profissão*", para ser entregue a cada catequizando. Deixar preparadas gravuras de pessoas exercendo diferentes profissões e vocações para serem colocadas no espaço enquanto desenvolve o tema do encontro.

Acolhida

Com alegria, acolher os catequizandos com um abraço, chamando-os pelo nome, orientando-os a se sentarem em círculo e agradecendo a presença.

1. OLHANDO PARA A VIDA

Motivar o grupo a iniciar a conversa sobre como passaram a semana: o que aconteceu de bom e o que poderia ter sido melhor?

Retomar o que lembram do encontro de catequese da semana anterior.

Convidar a partilhar sobre o compromisso assumido, como conseguiram realizá-lo, se foi bom, difícil e se valeu a pena. Em seguida, introduzir o tema do encontro sobre o chamado de Jesus para sermos seus discípulos, seus seguidores. Explicar que juntos irão conversar e refletir sobre a distinção entre o que é vocação e o que é profissão, qual a diferença entre elas.

2. ORAÇÃO INICIAL

Acende-se a vela...

Procurar criar um espírito de oração, convidando o grupo para fazer silêncio, ajudado pelo canto: *Minha luz é Jesus*, ou outro adequado ao momento. Após o canto, convidar para fazerem o sinal da cruz.

Orientar os catequizandos a se aproximarem da Bíblia e dos símbolos preparados para o encontro: vela e sal. Ficar uns instantes em silêncio, observando os símbolos. Abaixando a cabeça, fechar os olhos e fazer uma prece a Deus para que nos abra a mente e o coração a fim de podermos ouvir sua Palavra neste encontro.

3. ESCUTANDO A PALAVRA

Para melhor escutar a Palavra de Deus, convidar o grupo para ficar em pé diante do livro de Deus, da Palavra, e a cantar: *Tua palavra é lâmpada para meus pés*, ou outro canto à escolha.

O catequista proclama o Evangelho segundo São Mateus 5,13-16.

Em seguida, convidar um dos catequizandos para proclamar outra vez o texto, e todos, em silêncio, escutam.

Motivar a refletirem e anotarem: o que ouvimos no texto? Recontar o texto juntos.

- ✓ Qual é o tema do texto?
- ✓ O que chamou sua atenção?
- ✓ Convide para repetirem as palavras-chave do texto, como: sal da terra, luz do mundo, lâmpada, boas obras.

Atentar para a participação do grupo. Ajudar os que manifestam mais dificuldades, retomando palavras e frases ditas.

Compreendendo a Palavra

Jesus dá a conhecer com duas imagens audazes e surpreendentes o que pensa e espera dos seus seguidores. Não se deve viver pensando sempre nos seus próprios interesses, em seu prestígio ou seu poder. Apesar de ser um grupo pequeno, no meio do vasto Império de Roma, deve ser o "sal" de que a terra necessita e a "luz" que faz falta ao mundo. "Vós sois o sal da terra" (Mt 5,13). As pessoas simples da Galileia compreendem facilmente a linguagem de Jesus. Todo mundo sabe que o sal serve, sobretudo, para dar sabor à comida e para preservar os alimentos. Do mesmo modo, os discípulos de Jesus devem contribuir para que as pessoas saboreiem a vida preservadas do mal. "Vós sois a luz do mundo" (Mt 5,14). Sem a luz do sol, o mundo fica nas trevas: já não podemos nos orientar nem desfrutar da vida no meio da escuridão. Os discípulos de Jesus podem trazer a luz que necessitamos para nos orientarmos e caminharmos com esperança. Na Bíblia, a expressão "sal" tem sentido de purificação, de oferenda agradável a Deus. Jesus a usa para falar da missão de seus discípulos e discípulas. Quem quer ser seu discípulo d'Ele precisa dar sabor e purificar onde passa e vive. A luz identifica as boas ações. A palavra "luz" está também muito presente na Bíblia. A luz, símbolo do Senhor do céu e da vida, é a primeira obra da criação. Jesus diz claramente aos discípulos: "Vós sois a luz do mundo" (Mt 5,14). A luz não pode ser encoberta, precisa ser colocada em destaque. Os discípulos são enviados para evangelizar com palavras e obras para que todos vejam, entendam e queiram participar do Reino de Deus (cf. PAGOLA, 2013).

Para aprofundar e refletir

A palavra "vocação" deriva do latim e significa "chamado". Quem chama é Deus! Nosso primeiro chamado é à vida, a existir: Deus nos criou e concedeu aos nossos pais a responsabilidade de que pudéssemos desenvolver a força criadora de Deus. Você já agradeceu, hoje, a oportunidade de existir? O segundo chamado que Deus nos dirige é à vida cristã! Quando somos batizados e crismados, recebemos o dom maior de nossas vidas, que é renascer para uma vida nova como filhos de Deus, seguidores de seu Filho, Jesus, e, assim, sermos membros do corpo místico de Cristo, isto é, a Igreja. Mas, também, ao sermos batizados, somos chamados a uma terceira condição, ou seja, a um estado de vida, o modo como viveremos nossa vida cristã no mundo: como religioso, como sacerdote ou como leigo. É na juventude que nos fazemos a grande pergunta: "o que eu vou fazer na vida?" A Igreja nos propõe a mudar essa pergunta para "o que queres de mim, Senhor?" Quando fazemos essa pergunta, já estamos em oração, pois oração é diálogo com Deus. Contudo só conseguem fazer com toda a coragem essa pergunta a Deus, como no encontro anterior vimos, aqueles que cultivam um profundo sentido de pertença à comunidade, que participam ativamente de uma paróquia, que aprofundam sua fé se colocando a serviço, sendo participante de uma pastoral, de um grupo ou movimento. Dessa forma, só consegue descobrir sua vocação quem busca discernimento na vida de oração! Como está sua vida de oração? Quem não reza, deixa Deus de lado e faz a sua própria vontade. Não confundir vocação com profissão!

Ler e meditar:
- ✓ Os números 3.2 e 3.3 do Guia Pedagógico da Pastoral Vocacional: *Como discernir uma vocação?*
- ✓ Os números 30 e 40 do 3° Ano Vocacional do Brasil.

4. MEDITANDO A PALAVRA

Convidar o grupo para meditar a Palavra e conversar, buscando responder:

- ✓ O que a Palavra diz para você?
- ✓ Como você percebe que Jesus o chama a segui-lo e a colocar suas qualidades a serviço do Reino?

Orientar os catequizandos a observarem o quadro comparativo, procurando ajudá-los a perceber a diferença entre vocação e profissão: em que se assemelham e em que diferem uma da outra.

Vocação x Profissão	
Vocação	*Profissão*
1. Chamado de Deus para uma missão, aspiração do ser.	1. Aptidão ou escolha pessoal.
2. Empenho exclusivo: "o ser", o amor e o serviço.	2. Empenho principal: o "ter", o sustento da vida e o bem-estar.
3. É para sempre.	3. Pode ser trocada.
4. É vivida 24 horas por dia.	4. É exercida em determinadas horas.
5. Tem contribuição necessária para viver com dignidade.	5. Tem remuneração.
6. Não tem aposentadoria.	6. Tem aposentadoria.
7. Na vocação, eu vivo.	7. Na profissão, eu faço.

Para compreender o sentido de cada vocação, explore com os catequizandos os seguintes dados:

- ✓ **Vocação matrimonial:** Deus chama muitos para formarem uma família e continuarem a sua obra criadora de gerar filhos. O amor une um homem e uma mulher para serem uma só carne.
- ✓ **Sacerdotal/padre:** Deus chama um homem para continuar a missão de Jesus, ungindo-o com o Sacramento da Ordem, que o põe a serviço do povo de Deus. Cabe a ele, como ministro, servo, pastor e mediador, suscitar e dinamizar comunidades vivas de fé.

- ✓ **Vida consagrada/religiosos(as):** Deus chama ao seu seguimento radical da fé cristã na vivência dos conselhos evangélicos de pobreza, de castidade e obediência, vivendo em comunidades religiosas, colocando-se a serviço da Igreja e do mundo com gratuidade.
- ✓ **Leigo/missionário:** Deus chama para uma vida de doação no dia a dia. A pessoa faz, por opção, a escolha de ser missionário, não vivendo em comunidades de consagrados. Dedica seu tempo na evangelização em comunhão com a Igreja.

Sugestão: Pode-se construir um cartaz com o quadro. Um grupo prepara o quadro sobre vocação e outro sobre profissão.

- ✓ Quais as semelhanças e quais as diferenças?
- ✓ Conforme são identificadas, colocar as imagens de pessoas exercendo profissões e vocações específicas.

5. REZANDO COM A PALAVRA

Encaminhar este momento de oração criando um clima favorável para cada um rezar, a partir da Palavra ouvida e meditada, a oração que brotar do seu coração para o coração de Deus.

Após um tempo de silêncio, convidar para partilharem sua oração com o grupo. Na sequência, poderão fazer preces espontâneas e, após cada oração, dizer: *Jesus, queremos ouvir teu chamado, sendo sal e luz do mundo.*

Cantar com o grupo: *Se ouvires a voz do vento* (Pe. Zezinho) ou outro de sua preferência.

Após o canto, propor uma reflexão sobre a letra, que convida a escutar o chamado (vocação) e trabalhar na missão (profissão).

Fazer novamente um círculo ao redor dos símbolos, passar o sal e a vela de mão em mão para cada catequizando, repetindo a cada um: *Jesus, nós queremos escutar teu chamado e colocar a serviço nossos dons.*

Rezar com o grupo, de mãos dadas, a oração do Senhor: *Pai nosso...*

Encerrar esse momento com o canto: *Te amarei, Senhor!*, ou outro à sua escolha.

6. VIVENDO A PALAVRA

Nesta semana, como compromisso, propor aos catequizandos fazerem uma pesquisa com alguma pessoa sobre sua escolha de vida, sua vocação, perguntando:

- ✓ Como foi que decidiu sua vocação e se está feliz com a escolha.
- ✓ Quais dificuldades encontra para viver com fidelidade a essa escolha.

Lembrar de pessoas que tenham quatro vocações específicas e que seria bom se fossem entrevistadas.

A pergunta poderá ser dirigida também para algumas pessoas a respeito da sua profissão do seu trabalho, porque escolheu essa profissão e se está feliz com a escolha.

Organize o grupo e as perguntas, para que todos possam participar e entrevistar pessoas e profissões diferenciadas.

Solicitar que escrevam as respostas para partilharem com o grupo.

MEU PROJETO DE VIDA

Sentido do encontro

Toda pessoa humana tem um projeto de vida, isto é, sua intenção ou decisão de fazer algo em sua vida. Esse projeto implica um conjunto de valores nos quais a pessoa crê e que são assumidos como orientação definitiva em todas as dimensões da vida. E, sendo uma proposta para toda a vida, é importante ter a ajuda de alguém que possa orientar, acompanhar e rever. Para começar a pensar sobre seu projeto pessoal de vida é fundamental a pessoa de Jesus Cristo: Ele é a referência mais importante na vida do cristão.

Objetivo

Compreender o significado e a importância de um projeto pessoal de vida tendo como referência Jesus Cristo.

Ambientação

Bíblia, vela, areia e pedra. Recortar em pedaços o desenho de uma casa, ou peças separadas para montar uma casa.

Acolhida

Acolher com alegria os catequizandos, retomando com eles como foi a semana, o que eles têm de importante para destacar.

1. OLHANDO PARA A VIDA

Iniciar o encontro motivando a fazerem um tempo de conversa e partilha sobre como passaram a semana na escola, na família, na Igreja.

Convidar para partilharem a entrevista a respeito de vocação e profissão, que cada um devia fazer durante a semana. Escutar e partilhar.

Caso alguém não tenha realizado a entrevista, orientar para repetir o compromisso.

2. ORAÇÃO INICIAL

Acende-se a vela...

Motivar a fazerem uma atitude de oração, de escuta e atenção, para bem realizar esse encontro.

Orientar para repetirem o refrão: *Indo e vindo*, ou escolher outro.

Convidar o grupo a fazer uma oração, pedindo ao Senhor da vida que renove em nós a disposição para acolhermos a sua Palavra. Em seguida, orientar a fazerem o sinal da cruz e rezarem juntos:

> *Senhor Deus, abre meus ouvidos, meu coração, minha mente, para eu escutar, compreender e acolher a tua Palavra. Amém.*

Concluir este momento com o canto: *Eu vim para escutar* (Pe. Zezinho) ou outro canto à escolha.

3. ESCUTANDO A PALAVRA

Propor ao grupo a atitude de escuta e orientar a se aproximar do lugar da Palavra e dos símbolos colocados no espaço do encontro.

Convidar um catequizando para proclamar o Evangelho segundo São Mateus 7,24-27.

Motivar que cada um retorne ao seu lugar e leia novamente com atenção o texto bíblico. Após, orientar o grupo a refletir e fazer as anotações sobre:

- **a** O que você leu no texto?
- **b** Ajude o grupo a contar esse relato do Evangelho de Mateus.
- **c** Destaque palavras, verbos e símbolos.
- **d** Qual palavra ou frase chamou mais a sua atenção?

Propor que socializem suas respostas conversando sobre o texto bíblico.

Compreendendo a Palavra

O ensinamento de Jesus é claro: não se pode construir algo duradouro de qualquer maneira. Só quem escuta suas palavras e as põe em prática está construindo sobre a rocha. A parábola certamente foi redigida de modo a facilitar o seu ensinamento na catequese. É importante que todos saibam que isso é o principal que deve ser buscado na comunidade cristã: "escutar" e "pôr em prática" as palavras que vêm de Jesus. Não há outra maneira de construir uma Igreja de seguidores, nem um mundo melhor. A Palavra é uma advertência e nos obriga a nos perguntarmos se estamos construindo a Igreja de Jesus sobre rocha, escutando e pondo em prática suas palavras, ou edificando sobre areias inseguras que não possuem a solidez nem a garantia do Evangelho. É o próprio Jesus que nos convida a construir nossa vida sobre suas palavras. "Aquele que escuta estas minhas palavras e as põe em prática é semelhante ao homem prudente que edificou sua casa sobre a rocha" (Mt 7,24) (cf. PAGOLA, 2013).

A fase da juventude se caracteriza por ser um tempo de fazer escolhas, tempo de discernimento da opção de vida, de descobrir o que Deus quer de cada jovem. O discernimento é fundamental quando se trata de descobrir a própria vocação. Para isso, muitas são as perguntas que o jovem se faz, e ele procura ir em busca de respostas que ajudem nas escolhas e opções. Para que o discernimento sobre as escolhas seja bem-feito, é preciso ter um conhecimento de si mesmo, conhecimento que vai além das aparências e dos sentimentos. Saber e identificar: o que alegra ou entristece o meu coração? Quais são os meus pontos fortes e as minhas fragilidades? Também se perguntar: como posso servir melhor e ser mais útil para o mundo e para a Igreja? Qual é o meu lugar na Terra? O que eu poderia oferecer à sociedade? Se faz necessário confrontar as respostas dessas perguntas com suas habilidades pessoais, com seus dons, para crescer e amadurecer, para melhor servir e responder com alegria e sentindo-se realizado nas escolhas feitas. Essas questões devem ser colocadas não tanto com relação à própria pessoa e suas inclinações, mas com relação aos outros, para que o discernimento enquadre a própria vida relacionada aos outros. O Papa Francisco propõe uma pergunta para o discernimento: "'Para quem sou eu?' És para Deus, sem dúvida alguma, mas ele quis que fosses também para os outros, e colocou em ti muitas qualidades, inclinações, dons e carismas que não são para ti, mas para os outros" (CV, n. 286).

Ler e meditar:

✓ Os números 250, 285 e 286 da exortação apostólica pós-sinodal *Christus Vivit.*

✓ Os números 68 e 69 do Documento final da XV Assembleia Ordinária do Sínodo dos Bispos: *Os jovens, a fé e o discernimento vocacional.*

4. MEDITANDO A PALAVRA

Motivar o grupo ao diálogo e à meditação da Palavra, ajudado pela pergunta:

✓ O que a Palavra que ouvimos diz para você? E para o nosso grupo?

Destaque o convite de Jesus para construirmos a vida sobre essa rocha, firme de seus ensinamentos, incentivando a responder:

✓ O você precisa fazer para construir sua vida sobre a rocha firme, que é Jesus e sua Palavra?

Em seguida, entregar a cada catequizando uma parte do recorte da casa e motivar o grupo a construir a imagem com os recortes. Deixar o grupo construir e descobrir qual é a imagem completa. Ajudá-los, se for necessário. Após terminar a ação solicitada, orientá-los a cada um montar a casa da sua vida, o seu projeto pessoal de vida.

Diante do projeto de vida, é importante orientá-los a se perguntar: o que procuro na vida? Posso seguir essa proposta? E depois seguir orientando os seguintes pontos, pedindo que completem em seus livros:

- ✓ Você pode seguir essa proposta?
- ✓ Escolha uma palavra de vida ou uma frase da Bíblia que represente o centro do seu projeto de vida.
- ✓ Inicie revendo os aspectos mais importantes de sua vida: responda escrevendo a respeito.
- ✓ Quais decisões, atitudes e ações concretas pretende tomar nos seguintes aspectos:
  - Personalidade:
  - Família:
  - Estudos/profissão:
  - Amizades, namoro:
  - Comunidade/sociedade em geral:
  - Relacionamento com Deus/Jesus Cristo:
  - Vocação (vocações específicas):

5. REZANDO COM A PALAVRA

Criar um clima orante, de silêncio, para rezar a partir do que foi ouvido do Evangelho, da Palavra da Igreja e da colocação do tema do projeto de vida. Orientar que cada um escreva sua oração. Na sequência, convidar para a partilha em forma de preces espontâneas.

Após cada oração, todos repetem: *Jesus, ajuda-me a construir a minha vida a partir da tua palavra.*

Convidar o grupo para rezar a oração do Pai-nosso.

Orientar a ficarem em círculo ao redor dos símbolos e, de mãos dadas, rezarem pedindo à Nossa Senhora Aparecida, nossa Mãe, que cuide de nós, que nos oriente para continuarmos a construir o nosso projeto de vida: *Ave Maria...* e no fim dizer: *Mãe Aparecida, rogai por nós.*

6. VIVENDO A PALAVRA

Propor ao grupo que, em casa, durante a semana, em um ambiente de silêncio e de oração, retome as questões, revisando e completando seu projeto de vida, destacando aspectos que não apareceram no encontro.

INICIADOS NA FÉ, SOMOS COMPROMETIDOS COM A COMUNIDADE-IGREJA

Sentido do encontro

A vivência em comunidade é uma das características mais importantes da Igreja primitiva. Os pagãos falavam sobre os cristãos: "Vede como eles se amam". Todos nós formamos a comunidade eclesial. Unidos na caridade e na partilha, somos chamados a construir juntos a fraternidade e a viver na fidelidade ao projeto de Deus, pois sabemos que ninguém se salva sozinho.

Objetivo

Compreender o sentido de pertença à comunidade eclesial, a importância da vivência fraterna e, sobretudo, a coerência de vida do cristão.

Ambientação

Bíblia em destaque, vela, fotos dos diversos movimentos e pastorais na comunidade. Um cartaz com o título do encontro de hoje. Disponibilizar para cada catequizando um desenho de tijolo e uma tarjeta escrita COMUNIDADE.

Acolhida

Acolher com alegria os catequizandos, retomando como foi a semana.

1. OLHANDO PARA A VIDA

Convidar os catequizandos para, no início deste encontro, conversarem e partilharem, retomando com eles o compromisso do encontro anterior, como foi reavaliar o projeto de vida e se todos conseguiram fazer.

Na sequência, introduzir o tema do encontro, conversando sobre o que cada um entende por comunidade.

O catequista, após escutar a manifestação de todos os catequizandos, começa dizendo que este encontro os ajudará a compreender mais e melhor como viviam as primeiras comunidades cristãs. Ainda, é importante mencionar que se fará um comparativo com a nossa comunidade hoje.

2. ORAÇÃO INICIAL

Acende-se a vela...

Conduzir o grupo a criar uma atitude de silêncio, colocando-se na presença da Trindade, que é exemplo e modelo de comunidade, traçando o sinal da cruz e cantando o refrão: *Pela Palavra de Deus*, ou outro canto à escolha.

3. ESCUTANDO A PALAVRA

Convidar os catequizandos para ficarem em pé e a assumir uma atitude de escuta e atenção.

Pedir para um catequizando proclamar o texto bíblico de At 5,1-6.

Orientar cada um a reler o texto em silêncio. Depois, motivar a refletirem e anotarem as palavras difíceis e o versículo que mais chamou sua atenção.

- ✓ Quais são os personagens do texto?
- ✓ Procure entender o que está acontecendo na passagem lida.
- ✓ Qual foi a resposta de Pedro para aquela situação?

Compreendendo a Palavra

Um antigo hino da Igreja expressa uma verdade bíblica: "Os cristãos tinham tudo em comum, dividiam seus bens com alegria". O livro dos Atos dos Apóstolos, no Capítulo 2, expressa a essência das primeiras comunidades: tudo o que tinham era posto em comum. Havia preocupação com os pobres, as viúvas, os mais necessitados na comunidade. Uniam-se na vida, na oração e na fração do pão e eram atentos aos ensinamentos dos Apóstolos e às orientações pastorais dadas por eles. Porém, a cena da leitura desse encontro mostra uma situação totalmente diferente: Ananias vende um dos seus terrenos, mas, por uma tentação humana diante do dinheiro da venda, faltou-lhe a fraternidade com a comunidade eclesial na qual estava inserido. Ele "põe aos pés dos Apóstolos" uma parcela do dinheiro, ficando para si o restante. Pedro, impulsionado pelo Espírito Santo, questiona Ananias, chama a sua atenção pela atitude tomada, repreende-o acerca dessa atitude. Faltou para ele a coerência entre o que anunciava e o que vivia, a coerência em suas obras e atitudes.

A vida em comunidade expressa a unidade dos seguidores de Jesus e torna-os testemunhas de comunhão, a exemplo da Trindade. A palavra "comunidade" expressa a união íntima, a comunhão das pessoas entre si e delas com Deus Trindade. Vivemos em um mundo marcado pelo individualismo, por grupos que se organizam para conseguir seus objetivos, muitas vezes para a não edificação da vida e da comunhão. Por isso, aumenta o desafio de caminhar juntos em pequenos grupos, de modo sinodal, formando comunidades eclesiais vivas, missionárias, de partilha, de ajuda mútua, de oração e de convivência humana. Os bispos do Brasil, reunidos em Aparecida, no ano de 2014, trabalharam e nos deram o belíssimo Documento 100 – *Comunidade de comunidades: uma nova paróquia.* Nele, encontramos grandes indicativos para compreender o sentido cristão e a importância da vida comunitária, comunidade de pessoas cristãs que expressam e vivem o sentido de ser Igreja. Entre outros pontos, destacam que o cristão, nova criatura pelo Batismo, encontra na Palavra e na Eucaristia uma nova relação de amor com Deus e com os irmãos e irmãs. O próprio Senhor disse que: "ninguém tem maior amor do que aquele que dá a vida por seus amigos" (Jo 15,13). Os bispos falam que

> A amizade torna-se, então, ágape, centro da caridade cristã. Essa amizade se traduz em compaixão pelos que sofrem. Os membros da comunidade vivem o compromisso social especialmente promovendo a justiça e os direitos humanos, numa evangélica opção pelos pobres e na prática da ética do cuidado com todos os necessitados da sociedade (Doc. 100, n. 183).

Ler e meditar:
✓ Os números 170 e 173 do Documento 100 da CNBB – *Comunidade de comunidades: uma nova paróquia.*

4. MEDITANDO A PALAVRA

Incentivar o grupo a conversar e meditar sobre a Palavra que ouviram e responderem:
- ✓ O que a Palavra de Deus de hoje diz para você?
- ✓ Que atitudes de vivência, de fraternidade, de partilha e de coerência você tem visto em nossas comunidades hoje?
- ✓ Quais eram as características da primeira comunidade cristã? Você percebe em sua comunidade atitudes parecidas?
- ✓ O que, para você, deve ser evitado na vida comunitária?

Motivar os catequizandos a escreverem nos tijolos que receberam o seu nome, e assim formar, em volta do cartaz escrito COMUNIDADE, a paróquia. Explicar que eles são peças fundamentais nessa construção. Ajudá-los a compreender o que acontece quando alguém na comunidade não coloca o seu tijolo e/ou tira algum do que foi colocado, como fica a construção da comunidade: abre-se um vazio, um espaço aberto. Por isso, a importância de cada um dar a sua contribuição, fazer a sua parte, engajar-se nesta vida.

5. REZANDO COM A PALAVRA

A Palavra de Deus nos convida a rezar. Motivar o grupo a fazer uma oração pessoal, dialogando com Deus.

    ✓ O que o encontro e a Palavra de hoje fazem você dizer a Deus?

Comentar: Olhando a primeira comunidade cristã, vemos que tinha como características: eram unidos na oração, na fração do pão, no amor fraterno e na partilha de bens, tudo que possuíam era em comum, uns zelavam pelo outro. Isso é o que nós, nossa comunidade, somos chamados a ser e a viver. Assumir os diversos trabalhos, grupos, movimentos e pastorais, com o objetivo de anunciar o nome de Jesus.

Incentivar o grupo a, em oração silenciosa, pedir ao Senhor a graça de estar sempre disponível ao serviço, para ajudar a construir a comunidade, dispondo cada um conforme seus dons e capacidades. Oriente a escreverem suas orações.

Convidar os catequizandos para observarem o título do encontro e a comunidade formada por tijolos e, assim, comprometerem-se com o projeto de Deus. Agradecer o dom da própria vida e da vida dos demais, pedindo perdão pelas más atitudes, bem como por situações que não agradam a Deus e que afetam o seu projeto de salvação, expresso na vivência da comunidade.

Orientar o grupo a rezar o Salmo 47(46), como um hino de louvor a Deus como Rei das nações todas.

Propor ao grupo que, em casa, durante a semana, em um ambiente de silêncio e de oração, retome as questões acima e cada catequizando reveja e complete seu projeto de vida, destacando aspectos que não apareceram no projeto realizado no encontro anterior.

6. VIVENDO A PALAVRA

Incentivar o grupo a se perguntar: o que este encontro pede para você viver?

Destacar que foi meditado muito sobre a fraternidade, a partilha e a vivência na comunidade, e questionar: e hoje, como podemos fazer para viver melhor a fé que recebemos da nossa Igreja?

Orientar que quem ainda não estiver participando de nenhuma pastoral na comunidade procure conversar com os responsáveis para se inserir em algum grupo com o qual acha que pode contribuir.

ANEXOS

1

COM O(A) SANTO(A) PADROEIRO(A), A DEUS, LOUVAÇÃO

Sentido do encontro

Toda pessoa humana é chamada a ser santa, a viver conforme o Evangelho e seguir Jesus. É difícil encontrar alguém que não tenha um santo, uma santa de devoção. Pela sua intercessão, alcançamos de Deus graças, bênçãos e proteção. Neste encontro, vamos saber como pessoas simples, comuns como nós, chegaram a ser santos e são hoje padroeiros de nossas comunidades e nossos intercessores junto a Deus. Eles testemunharam sua fé em Jesus e viveram no seu seguimento, por isso nos chamam a fortalecer a nossa fé em Jesus e sermos suas testemunhas.

Objetivo

Conhecer a vida do nosso(a) padroeiro(a), buscando inspiração para o nosso caminho de santidade.

Ambientação

Cadeiras em círculo, preparar o lugar da Palavra, vela, imagem ou quadro do santo(a) padroeiro(a). Se possível, conseguir um folheto ou símbolo com a imagem e a oração do padroeiro da comunidade para cada catequizando.

1. OLHANDO PARA A VIDA

Motivar o grupo para o encontro, que terá como tema o padroeiro(a) da comunidade ou paróquia.

Convidar cada catequizando para dizer qual o nome do padroeiro(a) da sua paróquia ou comunidade e falar o que sabe sobre a vida dele(a): como viveu? Onde nasceu? O que fez para ser santo(a)?

2. ORAÇÃO INICIAL

Acende-se a vela...

Procurar criar um clima propício para a oração, preparando para a escuta da Palavra de Deus, colocar uma música ou refrão como este: *O nosso olhar se dirige a Jesus* (Taizé).

Na certeza de que é em nome da Trindade Santa que estamos aqui reunidos, participando deste encontro, tracemos sobre nós o sinal da cruz. Na sequência, convidar para rezarem juntos a oração:

> *Bendigamos ao Senhor, nosso Deus e Pai que, na vida de (nome do(a) padroeiro(a)), nos permite depositar em Deus a confiança. Só os santos sabem que nada perdem estando em Deus. Lembramos hoje, em nosso encontro, das pessoas que lutam e buscam um mundo melhor, fazendo com que suas vidas sejam do bem, como foi nosso(a) padroeiro(a). Amém.*

Concluir este momento com o refrão: *Buscai primeiro o Reino de Deus...*

3. ESCUTANDO A PALAVRA

Convidar o grupo para ficar em pé, em uma atitude de respeito e atenção à Palavra que será proclamada.

Convidar um catequizando para proclamar o texto bíblico de Ef 3-14.

Motivar outro catequizando a ler uma segunda vez, e todos acompanham na Bíblia. Em seguida, motivar a pensarem e anotarem:

- **a** O que diz o texto?
- **b** O que mais chamou a sua atenção?
- **c** O que você não compreendeu?

Compreendendo a Palavra

Deus nos escolheu antes da criação do mundo, para sermos santos e irrepreensíveis em sua presença. Quem é salvo por Jesus é santo! Todos fomos chamados para sermos santos e, por causa do sacrifício de Jesus e pela fé, tornamo-nos santos. São Paulo, ao escrever à comunidade de Éfeso, começa com um hino belo e profundo, que apresenta o caminho da vida cristã. Começa com um bendito ao Pai, por ter chamado os cristãos a participarem de sua santidade, por tê-los adotado como filhos em Jesus. Nosso esforço deve ser para viver como santos, dedicando nossa vida a Deus. Sabemos que os santos não são uma categoria especial de crentes, com poderes e privilégios especiais. Todo aquele que crê em Deus é santo. Os santos, nossos padroeiros que veneramos e temos como nossos intercessores, são os que testemunharam sua fé em Jesus, colocaram toda sua confiança n'Ele, viveram conforme o Evangelho e seguiram Jesus no caminho da vida. A devoção aos santos é uma grande riqueza da Igreja Católica. Participe-mos, em nossas comunidades, das festas dos nossos padroeiros. Isso deverá nos ajudar a crescer no entendimento da maravilha que significa a vida em Cristo, a santidade à qual somos chamados.

Para aprofundar e refletir

Todos somos chamados à santidade, esse chamado para sermos santos é dirigi-do a cada um: "Sede, pois, santos, porque eu sou santo" (Lv 11,45). A santidade não é feita de grandes coisas, mas de pequenos gestos no cotidiano da vida, ges-tos que estão ao alcance de todos os que desejam percorrer esse caminho de santi-dade. O Papa Francisco, na exortação apostólica *Gaudete et Exultate* – Alegrai-vos e exultai –, nos dá boas indicações quando diz: "Gosto de ver a santidade no povo paciente de Deus: nos pais que criam os seus filhos com tanto amor, nos homens e mulheres que trabalham a fim de trazer o pão para casa, nos doentes, nas consagra-das idosas que continuam a sorrir" (GeE, n. 7). A Igreja é rica em testemunhos de pessoas que viveram uma vida simples, honesta, de doação, de silêncio e que hoje são nossos intercessores junto a Deus. Busquemos estar atentos aos sinais de santi-dade que nos são apresentados, a cada dia, pelas pessoas mais humildes e simples.

Ler e meditar:
✓ O número 16 da exortação apostólica *Gaudete et Exultate*, sobre o chamado à santidade no mundo atual, do Papa Francisco.

4. MEDITANDO A PALAVRA

Procurar criar um clima favorável, motivando o grupo a conversar e meditar sobre a Palavra de Deus:

✓ O que o encontro de hoje e a Palavra de Deus te ensinam?
✓ A vida do padroeiro de sua paróquia inspira você a buscar a santidade?
✓ Que fatos, atitudes e situações vividas o fizeram tornar-se santo(a)?
✓ De que forma o(a) santo(a) padroeiro da comunidade pode ser modelo de suas ações?
✓ Como você pode ser santo(a)?

5. REZANDO COM A PALAVRA

Motivados pela Palavra de Deus, ajudar o grupo a fazer sua oração: o que cada um quer dizer a Deus?

Pedir para cada um fazer sua oração dirigida a Deus, por intercessão do(a) padroeiro(a).

Orientar a, olhando para a imagem ou o quadro do(a) padroeiro(a), fazerem silêncio e rezarem, respondendo, a cada prece:

Catequista: Oremos ao Senhor, para que, por meio do(a) nosso(a) padroeiro(a), nos dê a força renovadora do seu Espírito. A cada prece, louvamos:

Todos: *Nós vos damos graças, nosso Deus.*

- Olhai, Senhor, por todas as pessoas que buscam viver bem e ajudar os outros.
- Olhai, Senhor, pelas pessoas que trabalham em busca da paz e do diálogo entre os povos.
- Olhai, Senhor, por nossa comunidade, que se prepara para a festa do(a) padroeiro(a), que seja unida, alegre e fraterna.
- Olhai, Senhor, por aqueles que sofrem por causa do Evangelho e por todos que se dedicam à defesa da vida, colocando em risco a sua própria vida.
- Olhai, Senhor, por aqueles que, a exemplo do(a) nosso(a) padroeiro(a), procuram viver no seguimento de Jesus e do Evangelho.

Todos: Senhor, só Tu és santo e sem ti ninguém pode ser bom. Tu manifestaste tua santidade na vida e no testemunho de (N). Celebrando sua memória, pedimos-te, dá-nos teu Espírito para que, no meio dos trabalhos e lutas de cada dia, tenhamos os mesmos sentimentos de Jesus Cristo e sejamos santos como Tu és Santo. Por Cristo, nosso Senhor. Amém!

Motivar a, confiantes em Deus, rezarem juntos a oração do Pai-nosso.
Se tiver a oração do padroeiro da sua comunidade, reze com o grupo.

6. VIVENDO A PALAVRA

Incentivar cada um, como compromisso desta semana, a procurar, junto às pessoas da paróquia ou comunidade, conhecer melhor a vida do(a) padroeiro(a); também seria interessante divulgar o que descobriu sobre a vida do(a) seu(a) padroeiro(a).

Motivar também a cada um se envolver e participar das novenas, do tríduo e das festividades do(a) padroeiro(a) em sua paróquia.

2

PREPARANDO O SACRAMENTO DA RECONCILIAÇÃO

✓ *Lembrar aos catequizandos da importância desta celebração e de fazer a experiência da misericórdia de Deus. Este momento nos ajuda a reforçar e a rever nossa caminhada de fé, como está nossa relação com Deus e os irmãos, e o que nos afasta do seu amor misericordioso. Destacar que esta celebração nos coloca diante da graça de Deus, acolhendo sua misericórdia, e assim podermos estar em unidade com Ele, com os irmãos e conosco mesmos.*

✓ *Deve-se escolher uma data para ser realizada com tempo, sem pressa e na gratuidade.*

✓ *Combinar com o padre antecipadamente a confissão. Conforme o número de catequizandos, é possível fazê-la ao longo da Quaresma.*

Ambientação

Preparar um espaço próprio para esta preparação, com símbolos que ajudem a meditação e a interiorização. No centro, colocar os símbolos: uma cruz, um recipiente com água, uma vela acesa e a Bíblia. Poderá colocar palavras como: misericórdia, perdão, reconciliação, ternura, amor, festa, alegria etc.

Acolhida

Acolher bem o grupo e introduzi-lo na sala, em clima de oração e silêncio.

Refrão: *Dá-nos um coração grande para amar*, ou outro apropriado.

Animador: O Senhor nos reúne hoje em seu amor misericordioso e nos enche com sua ternura e seu carinho. Ele renova nossa vida e nos dá sua graça e sua paz.

Iniciemos nossa celebração com o sinal do cristão: *Em nome do Pai e do Filho e do Espírito Santo.*

Animador: Queridos jovens, o Caminho de Iniciação à Vida Cristã nos fortaleceu na fé, no conhecimento de Jesus. Aprofundamos a boa-nova do Evangelho e nos inserimos, aos poucos, na vida da comunidade Igreja, o que se iniciou já no nosso Batismo. Deus fortalece nossa caminhada pelos sacramentos e nos convida a sermos bons uns com os outros, para que todos juntos vivamos felizes.

Leitor: A Quaresma é um tempo propício para olhar a nossa vida, reconciliarmo-nos com Deus e com os irmãos e irmãs. Que o Senhor nos ajude nesse propósito. Ele nos dá a chance de acolher sua misericórdia, seu amor e sua paz.

Rezemos juntos o Salmo 86(85), que lembra um Deus que caminha com seu povo e age em favor dele. Após cada estrofe do Salmo, digamos:

Todos: *O vosso ouvido inclinai, e escutai-me.*

Tende piedade, ó meu Deus e meu Senhor,
clamo por Vós o dia inteiro.
Inclinai, ó Senhor, vosso ouvido,
escutai, pois sou pobre e infeliz!

Protegei-me, que sou vosso amigo,
que espera e confia em Vós!
Piedade de mim, ó Senhor,
porque clamo por Vós todo o dia!

Animai e alegrai vosso servo,
pois a Vós eu elevo a minha alma.
Ó Senhor, Vós sois bom e clemente,
sois perdão para quem vos invoca.

Escutai, ó Senhor, minha prece,
o lamento da minha oração!
No meu dia de angústia, eu vos chamo,
porque sei que me haveis de escutar.

Ensinai-me os vossos caminhos,
e na vossa verdade andarei.
Meu coração orientai para Vós:
que respeite, Senhor, vosso nome!

Vós, porém, sois clemente e fiel,
sois amor, paciência e perdão.
Confirmai com vigor vosso servo,
de vossa serva o filho salvai.

Concedei-me um sinal que me prove
a verdade do vosso amor.
O inimigo humilhado verá
que me destes ajuda e consolo.

Oração: *Deus e Pai nosso, acolhei o nosso pedido de perdão. Reconciliai-nos convosco neste dia em que nos preparamos para receber o Sacramento da Eucaristia. Fazei com que vivamos cheios de caridade e de alegria. Dai-nos o vosso amor como vossos discípulos e discípulas amados. Por Cristo, nosso Senhor. Amém!*

Liturgia da Palavra

Convidar o grupo a dispor o coração e a mente para a escuta da Palavra de Deus, com o canto: *Convertei-vos e crede no Evangelho.*

Proclamação do Evangelho segundo São Lucas 19,1-10.

Após a proclamação, pedir que expliquem o texto com suas próprias palavras.

- ✓ O que esse texto diz para você? Qual é a lição para a sua vida?
- ✓ Cada um olha para sua vida. O que deve ser mudado?

O catequista, com as perguntas que seguem, ajuda os catequizandos a fazerem a revisão de vida:

- ✓ Em quais situações somos como Zaqueu? Buscamos ver Jesus?
- ✓ Acolhemos Jesus em nossa casa, escutamos sua voz?
- ✓ Como é nossa vida no dia a dia, somos justos conosco mesmos, com os outros e com Deus?

- ✓ O que nos leva a ficar longe de Deus? Pensemos naqueles gestos, ações e pensamentos que nos afastam de Deus, das pessoas e de nós mesmos.
- ✓ Como é o amor de Deus para conosco?
- ✓ O que a Palavra de Deus lhe pede? O que sente vontade de dizer para Deus?

Em atitude de arrependimento e desejo de acolher a misericórdia de Deus, rezemos juntos o Ato de Contrição:

> *Confesso a Deus todo-poderoso e a vós, irmãos e irmãs, que pequei muitas vezes por pensamentos e palavras, atos e omissões: por minha culpa, minha tão grande culpa. E peço à Virgem Maria, aos anjos e santos, e a vós, irmãos e irmãs, que rogueis por mim a Deus, nosso Senhor.*

Rito Sacramental

Neste momento, poderá acontecer a confissão sacramental.

Enquanto os catequizandos, um a um, fazem sua confissão individual, o grupo continua rezando em silêncio.

Motivar a rezarem o Salmo 89(88),2-5, que nos lembra a Aliança que Deus sempre renova com cada um de nós.

"O Senhor lhe dará o trono de Davi, seu pai" (Lc 1,33).

Este salmo festeja a Aliança que Deus fizera com Davi e seu povo. Agradeçamos ao Senhor, pois, apesar da infidelidade do seu povo, Ele cumpriu, em Cristo, essa sua promessa.

Cantar o refrão da música: *Ó Senhor, teu amor tão imenso.*

Atitude orante

Orientar a, ao voltarem da confissão, expressando o desejo de vida nova, a Aliança renovada, aproximarem-se da água e, ao tocá-la, traçar o sinal da cruz. Pedir para rezarem em silêncio, cumprindo a penitência estabelecida pelo padre.

Observação: O catequista poderá acolher cada catequizando ao voltar da confissão com um abraço, um gesto carinhoso de paz.

Ação de graças

Convidar o grupo para reconhecer o amor e a misericórdia de Deus, e assim, agradecidos a Deus, render graças. Pode-se cantar um salmo de ação de graças e fazer preces espontâneas de louvor e de ação de graças pelo perdão recebido.

Canto: *Em coro, a Deus louvemos*, ou *Quero cantar ao Senhor*.

Catequista: Alegres pelo perdão de Deus e seu amor, digamos juntos a oração que Jesus nos ensinou do Pai-nosso...

Abraço da paz: Renovados pela misericórdia de Deus, sejamos um para o outro sinal do amor que vem de Deus, da paz e da reconciliação que nos torna amigos e irmãos.

Dar o abraço da paz.

3

CELEBRAÇÕES DE PURIFICAÇÃO

3.1 PRIMEIRO ESCRUTÍNIO: A ÁGUA E O ESPÍRITO

- ✓ *Realizar o primeiro escrutínio no terceiro domingo da Quaresma.*
- ✓ *Reservar os bancos da igreja conforme o número de catequizandos.*
- ✓ *Preparar um pequeno recipiente com água para ser entregue ao fim da celebração, a cada catequizando.*
- ✓ *Esta celebração se destina aos que estão se preparando para o Sacramento da Eucaristia: crianças, adolescentes e adultos no Caminho de Iniciação à Vida Cristã.*

Animador: Querida comunidade, aqui reunida para celebrar o dia do Senhor, a Páscoa do Senhor. Hoje estamos felizes por acolher em nosso meio os catequizandos e catequizandas no caminho da fé, da iniciação cristã. Eles receberão uma bênção especial para renunciarem ao mal, às tentações que os distanciam da fé. Essa bênção os fortalecerá, para que sejam fiéis e perseverantes no seguimento de Jesus e na fé cristã.

Após a Profissão de Fé.

Presidente: Convido os catequizandos a se ajoelharem, os pais ou acompanhantes a colocarem a mão sobre o ombro dos filhos/afilhados, e toda a comunidade a rezar em silêncio.

Momento de silêncio.

Presidente: Oremos por estes eleitos que a Igreja, cheia de confiança, escolheu depois de um longo caminho, para que, ao completarem a preparação, encontrem a Cristo nos seus sacramentos nas próximas festas pascais.

Preces pelos eleitos

Presidente motiva para as preces.

Leitor: Para que estes eleitos meditem sobre a Palavra divina e a saboreiem sempre em seus corações, cada vez mais, oremos ao Senhor.

Todos: *Ouvi-nos, Senhor.*

Leitor: Para que, a exemplo da samaritana, reconheçam em Cristo Aquele que veio salvar os que estavam perdidos, oremos ao Senhor.

Todos: *Ouvi-nos, Senhor.*

Leitor: Para que sejam afastados do caminho da descrença que nos distancia de Cristo e que, humildemente, se confessem pecadores, oremos ao Senhor.

Todos: *Ouvi-nos, Senhor.*

Leitor: Para que, sinceramente, rejeitem tudo o que, na sua vida, desagradou a Cristo e a Ele se opõe, oremos ao Senhor.

Todos: *Ouvi-nos, Senhor.*

Leitor: Para que, à espera do dom de Deus, cresça neles o desejo da água viva que jorra para a vida eterna, oremos ao Senhor.

Todos: *Ouvi-nos, Senhor.*

Leitor: Para que aprendam do mesmo Espírito Santo a conhecer o que é de Deus e do seu agrado, oremos ao Senhor.

Todos: *Ouvi-nos, Senhor.*

Leitor: Para que as famílias destes eleitos ponham a sua esperança em Cristo e n'Ele encontrem a paz e a santidade, oremos ao Senhor.

Todos: *Ouvi-nos, Senhor.*

Leitor: Para que também nós, que preparamos as festas pascais, purifiquemos a nossa mente, elevemos o nosso coração e pratiquemos as obras de caridade, oremos ao Senhor.

Todos: *Ouvi-nos, Senhor.*

Leitor: Para que, no mundo inteiro, os fracos encontrem força, ganhem ânimo os abatidos, os que andam perdidos sejam encontrados e os que forem encontrados sejam reunidos, oremos ao Senhor.

Todos: *Ouvi-nos, Senhor.*

Presidente: Oremos: *Senhor nosso Deus, que nos enviastes o vosso Filho como Salvador, olhai para estes catequizandos que, como a samaritana, desejam a água viva. Convertei-os pela vossa Palavra e levai-os a confessarem-se prisioneiros dos seus próprios pecados e fraquezas. Não permitais que eles, levados por falsa confiança em si próprios, deixem-se enganar pela astúcia do demônio, mas livrai-os do espírito da mentira, para que, reconhecendo os seus pecados, sejam purificados no seu espírito e entrem pelo caminho da salvação. Por nosso Senhor, Jesus Cristo, vosso Filho, que é Deus convosco na unidade do Espírito Santo.*

Todos: *Amém.*

Em seguida, o celebrante impõe a mão, em silêncio, sobre cada um dos eleitos. Se for um grupo grande, poderá estender as mãos sobre o grupo todo. E continua:

Presidente: *Senhor Jesus, Vós sois a fonte de que estes eleitos têm sede e o Mestre que eles procuram. Só Vós sois verdadeiramente santo e na vossa presença eles não ousam proclamar-se inocentes, antes, abrem confiadamente o seu coração, para mostrarem as suas manchas e descobrirem as feridas ocultas. Por vosso amor, libertai-os das suas enfermidades; dai-lhes saúde, porque estão doentes; dessedentai-os, porque têm sede; e dai-lhes a vossa paz. Pelo poder do vosso nome, que nós invocamos com fé, vinde, Senhor, e dai-lhes a salvação. Exercei o vosso poder sobre o espírito do mal que vencestes com a vossa ressurreição. No Espírito Santo, mostrai o caminho aos vossos eleitos, para caminharem para o Pai e poderem adorá-lo em verdade. Vós, que sois Deus com o Pai na unidade do Espírito Santo.*

Todos: *Amém.*

Antes da bênção final

Animador: Nossos catequizandos que hoje celebraram a primeira bênção em preparação ao sacramento receberão um pequeno frasco de água benta. Essa água nos leva a invocar, nas diversas circunstâncias do dia, o socorro, a proteção do Espírito Santo, para o bem da nossa vida. Que por esse sinal o Senhor afaste de nós todo mal, todo o perigo.

> Os catequizandos formam uma fila para receber o frasco com a água, enquanto isso pode-se cantar: *Eu te peço desta água que Tu tens...*

> Ao final, o presidente se despede dos eleitos, dizendo:

Presidente: Eleitos, voltareis a reunir-vos para o próximo escrutínio. O Senhor esteja sempre convosco. Ide em paz e o Senhor vos acompanhe.

Eleitos: *Graças a Deus.*

3.2 SEGUNDO ESCRUTÍNIO: CRISTO, LUZ DA FÉ

✓ O segundo escrutínio é celebrado no quarto domingo da Quaresma.
✓ Reservar os bancos da igreja conforme o número de catequizandos.

Animador: Irmãs e irmãos, louvado seja Deus pelo nosso encontro neste dia do Senhor. Hoje, os catequizandos que fizeram o caminho da vida cristã receberão a segunda bênção de modo especial, para serem capazes de renunciar ao mal e procurar sempre o bem, a fim de serem fiéis e perseverantes na fé católica.

Após a Profissão de Fé...

Presidente: Convido vocês, catequizandos, a se ajoelharem. A comunidade, seus pais e acompanhantes, estendam a mão sobre estes jovens. Rezemos em silêncio, implorando o espírito de penitência, a consciência do pecado e a verdadeira liberdade dos filhos de Deus.

Momento de silêncio.

Presidente: Rezemos por estes eleitos chamados por Deus, para que, permanecendo n'Ele, por uma vida santa, deem testemunho do Evangelho de Jesus Cristo.

Os eleitos se inclinam ou ajoelham. Todos oram durante algum tempo, em silêncio.

Preces pelos eleitos

Presidente: Oremos por estes eleitos a quem Deus chamou, para que sejam santos na presença do Senhor e deem testemunho da Palavra de Deus, fonte de vida eterna. Após cada prece, todos pedem: *Atendei, Senhor, nossa oração.*

Leitor: Para que estes eleitos meditem sobre a Palavra divina e a saboreiem sempre em seus corações, cada vez mais, oremos ao Senhor.

Todos: *Atendei, Senhor, nossa oração.*

Leitor: Para que estes catequizandos depositem a sua confiança na verdade de Cristo, alcancem e conservem sempre a liberdade de espírito e de coração, oremos ao Senhor.

Todos: *Atendei, Senhor, nossa oração.*

Leitor: Para que a força do Espírito Santo os liberte e os faça passar do temor à confiança, oremos ao Senhor.

Todos: *Atendei, Senhor, nossa oração.*

Leitor: Para que se tornem homens e mulheres espirituais que em tudo procuram o que é justo e santo, oremos ao Senhor.

Todos: *Atendei, Senhor, nossa oração.*

Leitor: Para que todos os que são perseguidos por causa do nome de Cristo sintam a sua ajuda e proteção, oremos ao Senhor.

Todos: *Atendei, Senhor, nossa oração.*

Leitor: Para que, às famílias e aos povos que são impedidos de abraçar a fé, seja dada a liberdade de acreditarem no Evangelho, oremos ao Senhor.

Todos: *Atendei, Senhor, nossa oração.*

Leitor: Para que todos nós, presentes no meio do mundo, permaneçamos fiéis ao espírito do Evangelho, oremos ao Senhor.

Todos: *Atendei, Senhor, nossa oração.*

Leitor: Para que todos os homens e mulheres descubram que o Pai os ama e cheguem à plena liberdade de espírito na Igreja, oremos ao Senhor.

Todos: *Atendei, Senhor, nossa oração.*

Presidente: Oremos: *Pai de infinita misericórdia que destes ao cego de nascença a fé em vosso Filho, para que entrasse no Reino da vossa luz, fazei-lhes com que os vossos eleitos aqui presentes sejam libertados das ilusões que os envolvem e os cegam. Concedei-lhes a graça de se enraizarem firmemente na verdade para se tornarem filhos da luz e assim permanecerem para sempre. Por nosso Senhor, Jesus Cristo, vosso Filho, que é Deus convosco na unidade do Espírito Santo.*

Todos: *Amém.*

O presidente, impondo as mãos sobre os eleitos, reza.

Presidente: *Senhor Jesus, luz verdadeira que iluminais todos os homens pelo vosso Espírito de verdade, libertai todos aqueles que estão dominados pelo demônio, pai da mentira. Nestes eleitos, que escolhestes para os vossos sacramentos, despertai o amor ao bem, para que, inundados pela vossa luz, tornem-se como o cego a quem outrora restituístes a vista, firmes e corajosas testemunhas da fé. Vós, que sois Deus com o Pai na unidade do Espírito Santo.*

Todos: *Amém.*

Antes da bênção final, o presidente se despede dos eleitos.

Presidente: Caros eleitos, voltareis a reunir-vos para o próximo escrutínio. O Senhor esteja sempre convosco. Ide em paz e o Senhor vos acompanhe.

Eleitos: *Graças a Deus.*

- ✓ O terceiro escrutínio é celebrado no quinto domingo da Quaresma.
- ✓ Reservar os bancos da igreja conforme o número dos catequizandos.

Motivação inicial

Animador: Irmãs e irmãos, na alegria de sermos o povo de Deus a caminho, nos reunimos neste domingo que nos aproxima da grande celebração do mistério da Páscoa de Jesus. Hoje, nossos jovens catequizandos receberão a bênção especial para renunciarem a todo tipo de mal e de tentações. Rezemos para que sejam perseverantes na fé.

Depois da Profissão de Fé...

Presidente: Convido vocês, catequizandos, a se ajoelharem. Todos nós – assembleia reunida, rezemos em silêncio por estes eleitos, implorando o espírito de penitência, a consciência do pecado e a verdadeira liberdade dos filhos de Deus.

Momento de silêncio.

Preces pelos eleitos

Presidente: Oremos por estes escolhidos de Deus, para que, ao participarem da Morte e Ressurreição de Cristo, tornem-se semelhantes a Cristo e possam superar, pela graça dos sacramentos, o pecado e a morte. Após cada prece, todos pedem: *Ouvi-nos, Senhor.*

Leitor: Para que estes eleitos meditem sobre a Palavra divina e a saboreiem sempre em seus corações, cada vez mais, oremos ao Senhor.

Todos: *Ouvi-nos, Senhor.*

Leitor: Para que todos detestem o pecado que destrói a vida, deem frutos de santidade para a vida eterna, rezemos ao Senhor.

Todos: *Ouvi-nos, Senhor.*

Leitor: Para que os que se sentem tristes pela morte dos seus encontrem em Cristo a sua consolação, rezemos ao Senhor.

Todos: *Ouvi-nos, Senhor.*

Leitor: Para que nós próprios, como Igreja, ao vermos chegar as solenidades pascais, tenhamos a firme esperança de ressuscitar com Cristo, rezemos ao Senhor.

Todos: *Ouvi-nos, Senhor.*

Leitor: Para que o mundo inteiro, que Deus criou por amor, renove-se continuamente na fé e na caridade, rezemos ao Senhor.

Todos: *Ouvi-nos, Senhor.*

Presidente: Oremos. *Senhor, Pai Santo, fonte da vida eterna, Deus dos vivos, e não dos mortos, que enviastes o vosso Filho a anunciar a vida aos homens para os libertar do reino da morte e os conduzir à ressurreição, livrai estes vossos eleitos do poder da morte que vem do espírito maligno, para que recebam a vida nova de Cristo Ressuscitado e dela possam dar testemunho. Por nosso Senhor, Jesus Cristo, vosso Filho, que é Deus convosco na unidade do Espírito Santo.*

Todos: *Amém.*

O presidente, estendendo as mãos sobre os eleitos, continua:

Presidente: *Senhor Jesus Cristo, que, ao ressuscitar Lázaro de entre os mortos, nos destes um sinal de que tínheis vindo para que os homens tivessem a vida e a tivessem em abundância, livrai da morte os que buscam a vida nos vossos sacramentos, libertai-os do espírito do mal, e, pelo vosso Espírito que dá a vida, comunicai-lhes a fé, a esperança e a caridade, para que vivam eternamente convosco e participem da glória da vossa ressurreição. Vós, que sois Deus com o Pai na unidade do Espírito Santo.*

Todos: *Amém.*

Antes da bênção final.

Presidente: Eleitos, o Senhor esteja sempre convosco. Ide em paz, e o Senhor vos acompanhe.

Eleitos: *Graças a Deus.*

4

No último tempo da Iniciação à Vida Cristã, pede-se que os que estão no caminho de concluir o itinerário catequético façam um ano sistemático e observado de experiência engajada nas pastorais, grupos e movimentos (PGMs) da comunidade paroquial.

O objetivo central é proporcionar aos nossos irmãos e irmãs que encerram a etapa da iniciação cristã, seja adulto ou juvenil, conhecimento concreto da vida dos agentes de pastoral no desempenho de suas missões específicas. Que também desperte, no iniciando, paixão pela vida cotidiana da Igreja na comunidade, gerando, consequentemente, espírito de pertença a nosso Senhor na sua Igreja. O espírito bíblico que nos inspira são os versículos de Jo 1,35-42: "Vinde e Vede".

Para que se leve a efeito tal intento, se faz imprescindível o envolvimento de todos os membros das PGMs: todos. Que sejam acolhedores e pacientes.

Como nos instrui o Documento 107 da CNBB, toda a paróquia deve ser iniciática, com instâncias profundamente acolhedoras, em clima de fraternidade e unidade na diversidade de ministérios e carismas. Qual deve ser a postura dos membros ante os iniciandos? Se a postura for boa, generosa (bela) e alegre, a PGM estará apta a acolher um iniciando. Se uma PGM está passando por momento de confusão e desentendimentos, e o pároco entende que não conseguirá cumprir o que é pedido, por gentileza, pedimos, não envie os iniciandos para esse grupo, pois a experiência não será boa.

Os principais articuladores dessa ação evangelizadora serão os párocos, em primeira pessoa, juntamente aos seus coordenadores de CPPs e CPCs. Com o desenvolvimento do ministério dos introdutores, essa ação conclui o ideal de que a paróquia inteira esteja comprometida na iniciação de nossos irmãos e irmãs, assim como acontecia nos primeiros séculos da Igreja. Toda a ação evangelizadora começa e retorna para o intento de anunciar a boa-nova aos não cristãos e o segundo primeiro anúncio aos afastados que desanimaram, para que retornem ao nosso convívio familiar. Com a presença dos iniciandos nas PGMs, motiva-se nas equipes a continuação do aprofundamento do querigma, ou seja, do primeiro anúncio em forma de convivência entre irmãos. De que forma? As reuniões e atividades do grupo são organizadas de maneira querigmática e mistagógica, com forte teor bíblico e profundo testemunho sacramental de seus membros.

Que o ano de experiência não sirva apenas para mostrar aos iniciandos "as coisas que fazemos", em forma de ativismo pastoral, mas "o que somos", ou seja, filhos de Deus e irmãos entre nós, discípulos missionários que professam a fé no mundo, apaixonados pelo Reino de Deus em Jesus Cristo, nosso Senhor, Rei do Universo.

Sugere-se às coordenações arquidiocesana, decanal e paroquial que disponham um dos catequistas para coordenar o *ano de experiência pastoral*, bem como algum outro catequista que coordene os introdutores, a fim de que haja uma distribuição de responsabilidades, no intuito de organizar essas ações com mais liberdade, não sobrecarregando o coordenador da catequese.

Como organizar?

No último CPP do primeiro semestre do ano, será explicado o projeto de que cada pastoral, grupo e movimento receberá um ou dois catequizandos para fazerem parte da caminhada como membros ativos para um tempo de experiência pastoral (Lc 10,1; Mc 6,7), no início do próximo ano catequético, que se dará no mês de agosto. Poderá ser realizada a entrega dos nomes conforme previsto no Anexo 5 (Entrega dos nomes no CPP/CPC) – opcional. Para o início do ano de experiência e o primeiro contato, deve ser realizada uma única celebração de acolhida, presidida pelo pároco e participada por todos os membros das PGM da paróquia (Anexo 6 – Celebração de acolhida).

As PGMs, de maneira espontânea e alegre, serão responsáveis, em seu coordenador, por convidar os iniciandos para participarem de todas as suas atividades: reuniões, ações, organizações etc. (ver sugestão de acolhida no anexo 7– Rito de acolhida na reunião). A duração será de um ano ou seis meses, até receberem o sacramento, no fim do tempo catequético no ano seguinte.

As PGMs devem oferecer a estes iniciandos o tratamento de membros ativos, com a prudência de não os sobrecarregar, assustando-os. Contudo não camuflem a vida pastoral, ludibriando-os com aparências.

As PGMs precisam ser orientadas a promover momentos profundos de oração em seus encontros para reuniões e atividades, cuidando com esmero da espiritualidade do grupo, assim como da missão.

Se o iniciando já participa de alguma PGM, não precisa ser encaminhado para outras, porém, deverá passar pelos mesmos processos.

Durante o ano, serão realizadas algumas avaliações do processo (Anexo 8– Avaliações).

O iniciando deverá compor um portfólio do ano de experiência, com fotos e relatos escritos do andamento das atividades (Anexo 9 – Portfólio), que poderão ser arquivados na paróquia ou entregues aos iniciandos no final.

O envio ocorre, no final, na última reunião das PGMs, antes da celebração do sacramento (Anexo 10 – Envio ao fim do ano de experiência pastoral).

5

ENTREGA DOS NOMES NO CPP/CPC

No último CPP do primeiro semestre do ano, cada PGM receberá das mãos do pároco, os nomes de dois catequizandos, adulto ou juvenil (Lc 10,1; Mc 6,7), para os acolherem no *ano de experiência pastoral*, no início do próximo ano catequético, que se dará no mês de agosto. Essa entrega dos nomes não deve ser feita feita de maneira desleixada. Em uma lista, devem constar os nomes das pastorais junto aos nomes já escalados de dois catequizandos por PGM. Se precisar que sejam mais de dois, pode ser feito. Preparar uma ambientação onde esteja a vela, a Bíblia e a cruz. Esse rito deve ser realizado antes de iniciar a reunião.

Início do rito

Pároco: Irmãos e irmãs, membros deste conselho de pastoral, estamos aqui reunidos para entregar a cada pastoral, grupo e movimento de nossa paróquia os nomes dos catequizandos de nossa paróquia que iniciarão, no próximo mês de agosto, o último tempo da Iniciação à Vida Cristã. Para tal, somos convidados a apresentar para esses nossos irmãos e irmãs de caminhada nossa vida de missão e convivência fraterna, acolhendo-os em nossos grupos para um tempo de experiência pastoral. Convidarei, após ouvirmos o Evangelho, cada representante pelo nome do grupo.

> Convidar para aclamar a boa-nova de nosso Senhor, cantando.
> **Observação:** enquanto se canta, o coordenador do CPP/CPC, com uma pequena vela, acende a vela principal. Escolher um canto próprio para o momento.

O coordenador paroquial da catequese proclama o Evangelho segundo São Marcos 6, 6b-9.

O pároco, em uma breve reflexão, deve explicar o que significa o *ano de experiência pastoral*, conforme o texto explicativo acima, animando todos a realizarem com alegria e entusiasmo essa ação evangelizadora, manifestando aos catequizandos espírito de família e de acolhida. Oferecer também algumas orientações práticas para a acolhida e o andamento do ano, alertando para alguns perigos e inconvenientes. Na sequência, com a lista das escalas em mãos, chamar cada PGM pelo nome do grupo e entregar a folha com os nomes dos catequizandos, na qual estão contidos as orientações e o rito para a acolhida na primeira reunião (Anexo 7).

Pároco: Caros filhos e filhas, sejam afetuosos e ternos com nossos catequizandos, a fim de que se encantem por nossa comunidade e decidam caminhar conosco. Cultivem profunda espiritualidade e vida de oração no grupo de vocês, suplicando sempre as luzes do Espírito Santo para vossas ações e decisões. Sejam ardorosos missionários, que sabem que são enviados pelo Senhor da vida para anunciar a boa-nova a todas as nações da Terra. Como pastor próprio dessa paróquia, em nome dos catequistas, manifesto minha inteira confiança em todos vocês.

Oremos (pausa): *Deus, Pai de amor e bondade, nós vos pedimos, como filhos e filhas, que o ano de experiência pastoral que iniciaremos em breve com nossos catequizandos possa atrair sobre nossa comunidade todas as bênçãos necessárias para nossa caminhada de fé e de missão. Que nossos anjos protetores nos conduzam por caminhos de fraternidade e santidade, a fim de que o santo nome de vosso Filho, Senhor nosso, seja conhecido por onde passarmos, transmitindo a fé mediante a caridade generosa que faz brotar a esperança e a vida para todos. Por Jesus Cristo, nosso Senhor, na unidade do Espírito Santo. Amém!*

Encerra-se e prossegue a reunião.

6

CELEBRAÇÃO DE ACOLHIDA

- ✓ Para o início do ano de experiência e primeiro contato, é realizada uma celebração de acolhida, presidida pelo pároco e participada por todos os membros das PGMs da paróquia (não é missa).
- ✓ Agenda-se uma data e um horário, e todos os coordenadores das PGMs e os catequizandos se encontrarão na igreja, a fim de que possam estabelecer o primeiro contato.
- ✓ Este momento ocorre fora das celebrações da comunidade. Convida-se um bom grupo de canto para animar a celebração.
- ✓ Prepara-se uma bela e visível ambientação com destaque para a Bíblia, as velas e a cruz.

Comentário inicial (coordenador da catequese): Estimados irmãos e irmãs de caminhada, estamos reunidos aqui para que possamos conhecer os representantes das pastorais, grupos e movimentos e os nossos catequizandos que estão no último ano do processo de Iniciação à Vida Cristã e que também iniciarão o ano de experiência pastoral. O objetivo desta ação evangelizadora é oferecer aos nossos iniciandos que receberão o Sacramento da Eucaristia uma forma concreta de poderem discernir o chamado de Deus. "Afinal, qual o meu lugar na Igreja e no mundo?", podem se perguntar os catequizandos que entenderam a proposta da catequese nesses anos. Queremos mostrar a eles que nossa Igreja é viva, é um organismo cheio de vitalidade espiritual, que evangeliza e cuida dos atribulados deste mundo. Somos o corpo místico de Cristo!

Queremos, nesta celebração, ouvir as orientações do nosso pároco e suplicar a luz do Espírito Santo sobre todos nós. Por isso, iniciemos a nossa celebração, cantando:

Canto inicial: *Missão da Igreja*, ou outro apropriado.

Pároco: *Em nome do Pai...*

Que a graça, a misericórdia e a paz de Deus, o Pai, e de Cristo Jesus, o nosso Senhor, estejam convosco! (1Tm 1, 2b).

Todos: *Bendito seja Deus, que nos reuniu no amor de Cristo.*

Pároco: Caríssimos filhos e filhas, que alegria podermos nos encontrar novamente. Vamos ouvir a Palavra de Deus, a nós dirigida neste dia tão especial.

Aclamação ao Evangelho

Canto: *Vai falar no Evangelho...* ou outro à escolha.

> Quem proclamar o Evangelho, dirige-se ao local da ambientação, pega a Bíblia em suas mãos e, do ambão da Palavra, lê a passagem de Mc 16,9-20.

Reflexão do pároco

O pároco dirige uma reflexão, uma verdadeira catequese sobre o tema "A missão da Igreja no mundo: anunciar e fazer discípulos todos os povos", explicando a natureza da Igreja e o que é ação pastoral; o objetivo da ação evangelizadora *ano de experiência pastoral*, qual a sua importância para a Iniciação à Vida Cristã dos catequizandos que estão encerrando seu caminho nesse processo e iniciando outro, que se chama tempo do discipulado e da missão, que encerrará na conclusão feliz de nosso percurso nesta condição humana.

Preces

Catequista: Coordenadores e catequizandos, vamos elevar ao Pai misericordioso nossas súplicas confiantes:

Todos: *Eis-nos aqui, Deus da vida, envia-nos.*

Catequista: Deus, nosso Senhor, vos pedimos por nossa paróquia, a fim de que cumpra, através de nós, seus membros, a sua missão de ser casa da Palavra e da Iniciação à Vida Cristã no mundo, para que todos creiam:

Todos: *Eis-nos aqui, Deus da vida, envia-nos.*

Catequista: Senhor da vida, o mundo precisa de vossa Palavra: que toda a Igreja una e santa seja o sal da terra e a luz que ilumina as trevas.

Todos: *Eis-nos aqui, Deus da vida, envia-nos.*

Catequista: Deus onipotente, são muitas as famílias que passam por tribulações e angústias: ajuda-nos a ser a presença do vosso amor, pelos méritos de nosso Senhor Jesus Cristo, vosso amado Filho:

Todos: *Eis-nos aqui, Deus da vida, envia-nos.*

Preces espontâneas

> **Conclusão das preces, p**elo pároco, de maneira espontânea.

Pároco: Irmãos e irmãs, cantemos louvando a Santíssima Trindade: *A Vós, louvor, honra e glória eternamente!* ou outro canto à escolha.

Cada coordenador aproxima-se do presbitério e chama os catequizandos que irão viver o *ano de experiência pastoral* em sua pastoral, em seu grupo ou movimento.

> Após a chamada, dão-se os avisos necessários e a bênção do pároco. Reserva-se um tempo para que, espontaneamente, coordenadores e catequizandos estabeleçam alguma conversa, até mesmo combinando o dia do primeiro encontro para apresentação na reunião da PGM.

7

RITO DE ACOLHIDA NA REUNIÃO

Nome da PGM acolhedora:

Catequizando:	Telefone:
Catequizando:	Telefone:
Catequizando:	Telefone:
Catequista:	Telefone:

O coordenador da PGM deve fazer o primeiro contato com os catequizandos que foram escalados, avisando-os do local e horário da reunião de acolhida do grupo.

Todos os membros devem estar presentes e sentados com as cadeiras em forma circular, se possível. No centro ou à frente, fazer uma ambientação com vela, Bíblia, cruz e outros símbolos que representam o carisma e a missão do grupo.

O coordenador, espontaneamente, inicia a reunião acolhendo a todos os presentes, de modo especial os catequizandos. Na sequência, pede que cada membro se apresente dizendo o nome e, em breves palavras, há quanto tempo está na pastoral, como a conheceu e porque está perseverando. Por fim, o coordenador pede que os catequizandos se apresentem dizendo os seus nomes e o que esperam dessa experiência.

Na sequência, o coordenador convida a todos para a oração.

Oração inicial

Irmãos e irmãs de caminhada, hoje nossa pastoral (grupo ou movimento), se alegra por acolher em nosso meio os catequizandos de nossa comunidade, que estão no último tempo de sua iniciação cristã. A expectativa da Igreja sobre eles é que, ao encerrarem esse processo tão belo, se façam discípulos missionários de nosso Senhor. Esperamos que ao fim desses anos de preparação estejam entusiasmados para continuar por toda a vida como membros efetivos do corpo místico de Cristo, a Igreja.

Rezemos todos juntos: *Vinde, Espírito Santo...*

Aclamemos o Santo Evangelho, cantando: *Eu vim para escutar* (Pe. Zezinho).

Proclamação da Palavra

Evangelho de Jo 1,35-39 (ou outro texto bíblico que expressa a espiritualidade particular daquela PGM).

Fazer um tempo de silêncio, para interiorizar o que foi lido.

Coordenador:

- ✓ O que a Palavra de Deus nos diz neste encontro?
- ✓ Destacar palavras-chave, mais importantes.
- ✓ Partilhar brevemente a Palavra.
- ✓ O que o texto bíblico te leva a dizer a Deus?
- ✓ O que a Palavra de Deus leva você a viver?
- ✓ Qual compromisso quer assumir diante de Deus e dos teus irmãos e irmãs?

Para encerrar a oração, reza-se um Pai-nosso, uma Ave-Maria e um Glória ao Pai.

Segue a reunião do grupo. O coordenador poderá apresentar aos catequizandos um pouco da história da PGM.

O coordenador pode lembrar quando e porque surgiu a pastoral na paróquia, quem foram os primeiros membros, quem era o pároco naquele surgimento, quais trabalhos eram feitos. Logo após, todos os membros partilham com os catequizandos os objetivos da pastoral, explicando por meio dos símbolos que estão na ambientação. Também apresentam as atividades que a pastoral realiza. Nesta reunião, podem já ser combinadas as próximas ações da equipe que já estavam agendadas ou as agendar, incorporando os catequizandos nas atividades.

Conclusão da reunião

Irmãos e irmãs, rezemos ao bom Deus para que nos mantenha animados e entusiasmados para vivermos com alegria esses meses que ficaremos juntos. N. e N., estamos muito felizes por conhecer vocês. Esperamos que gostem de estar conosco!

Oremos (pausa): *Deus, Pai de amor e bondade, nós vos pedimos, como filhos e filhas, que o ano de experiência pastoral que iniciamos hoje com nossos catequizandos possa atrair sobre nossa comunidade todas as bênçãos necessárias para nossa caminhada de fé e de missão. Que nossos anjos protetores nos conduzam por caminhos de fraternidade e santidade, a fim de que o santo nome de vosso Filho, Senhor nosso, seja conhecido por onde passarmos, transmitindo a fé por meio da caridade generosa, que faz brotar a esperança e a vida para todos. Por Jesus Cristo, nosso Senhor, na unidade do Espírito Santo. Amém!*

Ao final, pode-se realizar uma confraternização com lanche partilhado.

8

AVALIAÇÕES

AVALIAÇÃO 1

✓ Na segunda quinzena do mês de novembro, deve ser feita uma avaliação junto aos coordenadores da PGM, a fim de que sejam levantadas informações sobre o andamento da experiência pastoral.

Caríssimo coordenador, entregue esta avaliação respondida diretamente ao catequista ou coordenador da catequese:

Nome da pastoral: _____

Nome do catequizando: _____

Nome do catequizando: _____

Nome do catequizando: _____

O(s) catequizando(s) está(ão) participando dos eventos e reuniões da PGM? Se não, quais as justificativas?

_____
_____
_____
_____
_____

_____

Se sim, está(ão) participando, como você o(s) vê na equipe e o que ouve dos outros membros do grupo sobre a participação dele(s)?

_____
_____
_____
_____
_____
_____

✓ Na segunda quinzena do mês de maio, deve ser feita a segunda avaliação junto aos coordenadores da PGM, a fim de que sejam levantadas informações, pois se aproxima o fim do ano de experiência pastoral.

Caríssimo coordenador, entregue esta avaliação respondida diretamente ao catequista ou coordenador da catequese:

Nome da pastoral: _____

Nome do catequizando: _____

Nome do catequizando: _____

Nome do catequizando: _____

Próximo de encerrar o ano de experiência pastoral, como a equipe avalia esse processo realizado em comunhão com a catequese? A equipe se vê participante da iniciação cristã da Igreja?

_____
_____
_____
_____
_____

Quais propostas a equipe faz para a coordenação de catequese, para o próximo ano de experiência pastoral, a fim de que seja ainda melhor para os catequizandos?

_____
_____
_____
_____

Os catequizandos estão terminando o ano de experiência pastoral motivados para continuar atuando na Igreja? (   ) Sim   (   ) Não. Por quê?

_____
_____
_____
_____
_____

9

PORTFÓLIO

O iniciando deverá compor um portfólio do ano de experiência, com fotos e relatos escritos sobre o desenvolvimento das atividades, que poderão ser arquivados na paróquia ou entregues depois aos iniciandos.

Para a montagem do portfólio, é preciso ter uma pasta ou um caderno. Ali, serão arquivadas todas as experiências realizadas nos meses de experiência pastoral, por meio de registro escrito e fotos.

No encontro de catequese, explanar sobre todo o andamento do ano de experiência pastoral.

O que é um portfólio?

A palavra deriva do inglês *portfolio*, "pasta para levar documentos", do italiano *portafoglio*, de *portare*, "levar, carregar", mais *foglio*, "folha de papel". É um arquivo de todos os acontecimentos, onde se registram os principais fatos e experiências. Pode ser realizado individualmente, em dupla e/ou trio de catequizandos.

Como se faz?

Para preparar o portfólio, será necessário adquirir uma pasta ou caderno, para que, desde o início da experiência, possa registrar os acontecimentos, organizando ordenadamente os dados como indicado: datas, horários, locais dos eventos e compromissos, acompanhados de fotos e textos escritos que irão compor o histórico do ano de experiência pastoral. Essa experiência marcará sua vida, sua caminhada e a caminhada pastoral da paróquia, da comunidade e da pastoral da qual você participou.

No portfólio, no final, escrever uma conclusão, apresentando como os catequizandos se sentiram nesse ano de experiência pastoral e em qual pastoral, grupo ou movimento desejam continuar sua caminhada na Igreja.

Ao final, o que será realizado com o portfólio?

Será realizada uma avaliação pelos catequistas, e um portfólio de cada ano será escolhido para ficar arquivado na paróquia. Os outros ficarão sob a guarda dos catequizandos, para servir de recordação, como álbum.

10

ENVIO AO FIM DO ANO DE EXPERIÊNCIA PASTORAL

- ✓ Na última reunião da PGM, antes da recepção do sacramento, deve-se promover uma celebração de envio dos catequizandos.
- ✓ Todos os membros da PGM marcam o dia, o local e o horário para a reunião. Convida-se alguém para animar a celebração com canto.
- ✓ Prepara-se uma bela ambientação ao centro, com a Bíblia, uma vela, a cruz e a imagem da Virgem Maria.

Abertura da reunião

Coordenador: Irmãos e irmãs, esta é a última reunião da qual nossos amigos participam como catequizandos. Eles estão finalizando sua iniciação cristã e o ano de experiência pastoral. Gostaríamos que este momento seja marcado com uma pequena celebração de envio. Iniciemos, cantando:

Canto: *Pelas estradas da vida* ou outro conhecido.

> Enquanto se canta, alguém, com uma pequena vela, acende a vela principal na ambientação.

Sinal da cruz

Coordenador: Oremos: *Pai de bondade, nós vos agradecemos por estes vossos servos e servas (diz o nome deles), que de muitos modos inspirastes e atraístes. Eles vos procuraram e responderam ao chamado que Vós fizestes. Por isso, nós vos louvamos e bendizemos.*

Todos: *Bendito seja Deus para sempre.*

Coordenador: Ouçamos a Palavra de Deus.

Canto: *Pela Palavra de Deus* ou outro adequado.

> Enquanto se canta, alguém se aproxima da ambientação e toma em suas mãos a Bíblia.

Leia-se Jo 14,15-20.

> Ao final da proclamação, todos fazem um breve momento de silêncio. Em seguida, uma partilha breve da Palavra.

Coordenador: Após aprendermos com a Palavra de Deus que o Senhor sempre permanece conosco se desejamos seguir seus mandamentos, gostaríamos de dirigir umas palavras aos nossos irmãos catequizandos que estão terminando junto a nós o ano de experiência pastoral.

Neste momento, cada pessoa, de modo breve, poderá dar um testemunho, dizer uma palavra de incentivo aos catequizandos. Ao final, cada catequizando pode também tomar a palavra para dizer como se sentiu durante o ano de experiência pastoral.

Coordenador: N. e N., vocês caminharam conosco em todas as nossas atividades missionárias neste ano, e somos gratos, porque se dispuseram a servir à Igreja e aos outros com generosidade. Por isso, gostaríamos de convidar vocês para continuarem participando da vida da Igreja, da comunidade cristã, nesta pastoral ou em outra que se sentirem mais à vontade. Rezamos por vocês, neste momento.

O coordenador convida todos para rezarem um momento em silêncio pelos catequizandos e, na sequência, pede que todos estendam as mãos sobre eles, enquanto diz:

Coordenador: Oremos: *Deus, Pai de bondade, suplicamos vossa bênção generosa sobre estes nossos irmãos, N. e N. Hoje, nosso grupo os envia para que sejam discípulos missionários fervorosos e ousados, capazes de levar outras pessoas a conhecerem vosso amor, que, em nosso Senhor Jesus Cristo, vosso Filho, nos salva e redime, e no Espírito nos santifica para a vida eterna. Pedimos por suas famílias. Ao longo de suas vidas, apresentem para eles pessoas amigas que os ajudem a crescer na fé e no seguimento de Jesus. Que consigam discernir sua vocação com alegria e encontrem seu lugar na Igreja para transformarem a realidade em que estão. Que nunca abandonem a vida de oração, amando acima de tudo a Eucaristia como a presença viva de Cristo Crucificado-Ressuscitado. Que sejam presença de amor e fraternidade junto aos atribulados deste mundo. Enfim, após uma vida longa e feliz, possam afirmar com o Apóstolo São Paulo: "Combati o bom combate, terminei a minha corrida, guardei a fé". Amém!*

Após a bênção, todos se abraçam e encerra-se espontaneamente a reunião. Sugere-se uma confraternização com lanche partilhado.

11

CELEBRAÇÃO DE ENVIO:
ENVIADOS A SERMOS DISCÍPULOS MISSIONÁRIOS

✓ *Esta celebração acontecerá como um gesto de envio missionário para aqueles que, tendo recebido os sacramentos da Iniciação à Vida Cristã e feito o caminho catecumenal sistematicamente, agora recebem o envio, para serem no mundo sal e luz.*

✓ *Será feita após concluir o tempo da mistagogia.*

✓ *Esta celebração poderá acontecer na missa da comunidade ou em uma celebração da Palavra, preparada especialmente para o momento (se for na missa, este rito será realizado após a homilia).*

✓ *Preparar uma vela para cada catequizando.*

Catequista: No Caminho da Iniciação à Vida Cristã, conhecemos mais e melhor a pessoa de Jesus, criamos disposições para o seu seguimento e aprofundamos os mistérios celebrados. Hoje estes catequizandos serão enviados a testemunhar com renovado ardor missionário e fraterno na comunidade e entre os jovens.

Presidente: Queridos jovens, vocês são chamados a ser sal da terra e luz do mundo. Cada um deverá assumir o compromisso de levar esta luz a tantos jovens que ainda não descobriram quem é Jesus. Portanto não escondam a luz, que é o próprio Cristo. Vossa missão é de iluminar os caminhos de todos quantos estiverem com vocês.

Cada catequizando acende sua vela no Círio Pascal.

Canto: *Sim, eu quero*, ou outro conhecido.

Presidente: Queridos jovens, peçamos a Deus, Pai de bondade, rico em misericórdia, que derrame suas bênçãos sobre cada um. Sois filhos e filhas da luz, chamados para o serviço missionário. Ele vos envia e garante sua presença, que dá força e coragem para testemunharem com vossas vidas o seu amor.

Jovens: Queremos ser sal da terra e luz no mundo, nos comprometemos a fazer sempre o bem, a viver como discípulos missionários de Jesus, sendo luz, buscando fazer sempre o bem a todos, especialmente aos mais fracos e necessitados. Ajuda-nos, Senhor, a sermos vigilantes para nunca apagar a luz que Cristo acendeu em nossos corações. Deus nos ajude. Amém.

Presidente: Assim brilhe a vossa luz diante das pessoas, para que vejam vossas boas obras e louvem o vosso Pai, que está nos céus.

Apagam-se as velas.

Oração

Presidente: Elevemos nossas preces ao Pai, para que o Senhor vos fortaleça nessa missão. Após cada prece, todos pedem: *Escutai-nos, Senhor.*

Leitor: Senhor, olhai e sustentai estes jovens que percorreram o itinerário da Iniciação à Vida Cristã. Que eles sejam fiéis no compromisso por um mundo mais humano, mais justo e solidário.

Todos: *Escutai-nos, Senhor.*

Leitor: Estendei vosso olhar sobre a nossa comunidade e nossas famílias, que sejam testemunhas de acolhida, de doação e perseverantes na prática do amor e das boas ações.

Todos: *Escutai-nos, Senhor.*

Leitor: Moldai, Senhor, o nosso coração, para sempre vos acolher na Palavra, vos reconhecer nas coisas boas que recebemos das pessoas, da família, da comunidade e dos amigos.

Todos: *Escutai-nos, Senhor.*

Leitor: Sustentai, Senhor, os catequistas, os educadores, a nossa comunidade, para que nunca diminuam a fé e o testemunho no anúncio do vosso Reino.

Todos: *Escutai-nos, Senhor.*

Presidente: Senhor, nós vos louvamos e bendizemos pela fidelidade e perseverança destes jovens que concluíram o processo de Iniciação à Vida Cristã. Confirma, Senhor, em cada um o desejo de continuar fortalecendo sua vida e, amadurecendo na fé e alimentados pela Palavra e a Eucaristia, possam anunciar e testemunhar o Evangelho de Jesus, vosso Filho, e na força do Espírito vivam como discípulos missionários. Por Cristo, nosso Senhor. Amém.

No fim da celebração – Bênção

Presidente: O Deus da verdade e do amor que Cristo revelou vos faça testemunhas do Evangelho e do seu amor no mundo.

Todos: *Amém!*

Presidente: O Senhor Jesus, que prometeu estar presente, sempre, em todos os tempos na vida e missão dos seus filhos e filhas, confirme as vossas ações e palavras.

Todos: *Amém!*

Presidente: Abençoai-vos o Deus todo-poderoso, Pai, Filho e Espírito Santo.

Todos: *Amém!*

Presidente: O Espírito do Senhor esteja sobre vós, para que possais anunciar a sua Palavra.

Todos: *Amém!*

12

AS PRINCIPAIS ORAÇÕES DO CRISTÃO

Sinal da Cruz

Em nome do Pai e do Filho e do Espírito Santo. Amém.

Persignação

Pelo sinal da Santa Cruz †, livrai-nos, Deus, nosso Senhor, † dos nossos inimigos †.

Oferecimento do dia

Adoro-vos, meu Deus, amo-vos de todo o meu coração. Agradeço-vos porque me criastes, me fizestes cristão, me conservastes a vida e a saúde. Ofereço-vos o meu dia: que todas as minhas ações correspondam à vossa vontade. E que eu faça tudo para a vossa glória e a paz dos homens. Livrai-me do pecado, do perigo e de todo o mal. Que a vossa graça, bênção, luz e presença permaneçam sempre comigo e com todos aqueles que eu amo. Amém.

Ave-Maria

Ave Maria, cheia de graça, o Senhor é convosco. Bendita sois vós entre as mulheres, e bendito é o fruto do vosso ventre, Jesus. Santa Maria, Mãe de Deus, rogai por nós, pecadores, agora e na hora de nossa morte. Amém.

Pai-nosso

Pai nosso, que estais nos céus, santificado seja o vosso nome, venha a nós o vosso Reino, seja feita a vossa vontade, assim na terra como no céu. O pão nosso de cada dia nos dai hoje, perdoai-nos as nossas ofensas, assim como nós perdoamos a quem nos tem ofendido, e não nos deixeis cair em tentação, mas livrai-nos do mal. Amém.

Glória ao Pai

Glória ao Pai e ao Filho e ao Espírito Santo. Como era no princípio, agora e sempre. Amém.

Salve Rainha

Salve, Rainha, Mãe de misericórdia, vida, doçura, esperança nossa, salve! A vós bradamos, os degredados filhos de Eva. A vós suspiramos, gemendo e chorando neste vale de lágrimas. Eia, pois, advogada nossa, esses vossos olhos misericordiosos a nós volvei, e depois deste desterro, mostrai-nos Jesus, bendito fruto do vosso ventre, ó clemente, ó piedosa, ó doce sempre Virgem Maria.

℣. Rogai por nós, Santa Mãe de Deus!

℟. Para que sejamos dignos das promessas de Cristo.

Ângelus (Saudação à Nossa Senhora para o tempo comum)

℣. O Anjo do Senhor anunciou a Maria.

℟. E ela concebeu do Espírito Santo.

℣ Eis aqui a serva do Senhor.

℟. Faça-se em mim segundo a vossa Palavra.

℣. E o Verbo divino se fez carne.

℟. E habitou entre nós.

Ave, Maria...

℣ Rogai por nós, Santa Mãe de Deus.

℟. Para que sejamos dignos das promessas de Cristo.

Oremos. Infundi, Senhor, em nossos corações a vossa graça, a fim de que, conhecendo pela anunciação do Anjo, a encarnação de Jesus Cristo, vosso Filho, cheguemos pela sua paixão e morte à glória da ressurreição. Pelo mesmo Cristo, nosso Senhor. Amém.

Glória ao Pai e ao Filho e ao Espírito Santo...

Rainha do Céu (Saudação à Nossa Senhora para o Tempo Pascal, em lugar do Ângelus)

℣. Rainha do céu, alegrai-vos. Aleluia.

℟. Porque aquele que merecestes trazer em vosso puríssimo seio. Aleluia.

℣. Ressuscitou como disse. Aleluia.

℟. Rogai por nós a Deus. Aleluia.

℣. Exultai e alegrai-vos, ó Virgem Maria. Aleluia.

℟. Pois o Senhor ressuscitou verdadeiramente. Aleluia.

Oremos. Ó Deus, que vos dignastes alegrar o mundo com a ressurreição do vosso Filho, nosso Senhor Jesus Cristo, concedei-nos, vo-lo suplicamos, a graça de alcançarmos pela proteção da Virgem Maria, sua Mãe, a glória da vida eterna. Pelo mesmo Cristo, nosso Senhor. Amém.

Creio

Creio em Deus Pai todo-poderoso, criador do céu e da terra, e em Jesus Cristo, seu único Filho, nosso Senhor, que foi concebido pelo poder do Espírito Santo; nasceu da Virgem Maria, padeceu sob Pôncio Pilatos, foi crucificado, morto e sepultado; desceu à mansão dos mortos, ressuscitou ao terceiro dia; subiu aos céus, está sentado à direita de Deus Pai todo-poderoso, de onde há de vir a julgar os vivos e os mortos. Creio no Espírito Santo, na santa Igreja Católica, na comunhão dos santos, na remissão dos pecados, na ressurreição da carne, na vida eterna. Amém.

Oração ao Anjo da guarda

Santo Anjo do Senhor, meu zeloso guardador, se a ti me confiou a piedade divina, sempre me rege, guarda, governa e ilumina. Amém.

Ato de contrição

Meu Deus, eu me arrependo de todo o coração de vos ter ofendido, porque sois tão bom e amável. Prometo, com a vossa graça, nunca mais pecar. Meu Jesus, misericórdia!

Ato de contrição (2)

Senhor, eu me arrependo sinceramente de todo mal que pratiquei e
do bem que deixei de fazer. Pecan-
do, eu vos ofendi, meu Deus, e sumo
bem, digno de ser amado sobre todas as coisas. Prometo firmemente,
ajudado com a vossa graça, fazer
penitência e fugir às ocasiões de pecar. Senhor, tende piedade de mim,
pelos méritos da Paixão, Morte e
Ressurreição de Jesus Cristo, nosso
Salvador. Amém.

Oração pela família

Pai, que nos protegeis e que nos destes a vida para participarmos de vossa felicidade, agradecemos o amparo
que os pais nos deram desde o nascimento. Hoje queremos vos pedir pelas famílias, para que vivam a união
e na alegria cristã. Protegei nossos
lares do mal e dos perigos que ame-
açam a sua unidade. Pedimos que o
amor não desapareça nunca e que
os princípios do Evangelho sejam a
norma de vida. Pedimos pelos lares
em dificuldades, em desunião e em
perigo de sucumbir, para que, lem-
brados do compromisso assumido
na fé, encontrem o caminho do perdão, da alegria e da doação. A exemplo de São José, Maria Santíssima
e Jesus, sejam nossas famílias uma
pequena Igreja, onde se viva o amor.
Amém.

Oração de São Francisco de Assis

Senhor, fazei-me instrumento de
vossa paz.
Onde houver ódio, que eu leve o amor.
Onde houver ofensa, que eu leve o
perdão.
Onde houver discórdia, que eu leve a
união.
Onde houver dúvida, que eu leve a fé;
Onde houver erros, que eu leve a
verdade.
Onde houver desespero, que eu leve
a esperança.
Onde houver tristeza, que eu leve a
alegria.
Onde houver trevas, que eu leve a luz!
Ó Mestre,
Fazei que eu procure mais:
consolar, que ser consolado.
compreender, que ser compreendido;
amar, que ser amado.
Pois é dando que se recebe,
é perdoando que se é perdoado,
e é morrendo que se vive para a vida
eterna!
Amém.

Oração de consagração a Maria

Ó Senhora minha, ó minha Mãe, eu
me ofereço todo a vós e, em prova
da minha devoção para convosco,
eu vos consagro, neste dia, e para
sempre, os meus olhos, os meus ouvidos, a minha boca, o meu coração
e inteiramente todo o meu ser. E
porque assim sou vosso, ó incom-
parável Mãe, guardai-me, defendei-
-me como filho e propriedade vossa.
Amém.

Magnificat
(Cântico de Nossa Senhora)

A minha alma glorifica ao Senhor
e o meu espírito se alegra em Deus,
meu Salvador.
Porque pôs os olhos na humildade
da sua serva, de hoje em diante,
me chamarão bem-aventurada
todas as gerações.
O todo-poderoso fez em mim
maravilhas: Santo é o seu nome.
A sua misericórdia se estende de
geração em geração
sobre aqueles que o temem.
Manifestou o poder do seu braço
e dispersou os soberbos.
Derrubou os poderosos de seus
tronos e exaltou os humildes.
Aos famintos encheu de bens, e aos
ricos despediu de mãos vazias.
Acolheu a Israel, seu servo,
lembrado da sua misericórdia,
Como tinha prometido a nossos
pais, a Abraão e à sua descendência
para sempre.
Glória ao Pai e ao Filho e ao Espírito
Santo, como era no princípio, agora e
sempre. Amém.

Invocação ao Espírito Santo

℣. Vinde, Espírito Santo, enchei os
corações dos vossos fiéis e acendei
neles o fogo do vosso amor.
℟. Enviai, Senhor, o vosso Espírito,
e tudo será criado, e renovareis a face
da Terra.
Oremos. Deus, que instruístes os
corações dos vossos fiéis com a luz
do Espírito Santo, fazei que apre-
ciemos retamente todas as coisas,
segundo o mesmo Espírito, e goze-
mos sempre de sua consolação. Por
Cristo, Senhor nosso. Amém.

Cântico de Zacarias
(da Liturgia das Horas)

Bendito seja o Senhor Deus de Israel,
porque a seu povo visitou e libertou;
e fez surgir um poderoso Salvador
na casa de Davi, seu servidor,
como falara pela boca de seus santos,
os profetas desde os tempos mais
antigos, para salvar-nos do poder dos
inimigos e da mão de todos quantos
nos odeiam.
Assim mostrou misericórdia a nossos
pais, recordando a sua santa Aliança
e o juramento a Abraão, o nosso
pai, de conceder-nos que, libertos
do inimigo, a Ele nós sirvamos sem
temor em santidade e em justiça
diante dele, enquanto perdurarem
nossos dias.
Serás profeta do Altíssimo, ó menino,
pois irás andando à frente do Senhor
para aplainar e preparar os seus
caminhos, anunciando ao seu povo a
salvação, que está na remissão de seus
pecados; pela bondade e compaixão
de nosso Deus, que sobre nós fará
brilhar o Sol nascente, para iluminar
a quantos jazem entre as trevas e
na sombra da morte estão sentados
e para dirigir os nossos passos,
guiando-os no caminho da paz.
Glória ao Pai e ao Filho e ao Espírito
Santo.
Como era no princípio, agora e
sempre. Amém.

13

O QUE É IMPORTANTE VOCÊ CONHECER

Os mandamentos da Lei de Deus

1. Amar a Deus sobre todas as coisas.
2. Não tomar seu santo nome em vão.
3. Guardar domingos e festas.
4. Honrar pai e mãe.
5. Não matar.
6. Não pecar contra a castidade.
7. Não furtar.
8. Não levantar falso testemunho.
9. Não desejar a mulher do próximo.
10. Não cobiçar as coisas alheias.

Os sete Pecados Capitais

1. Soberba
2. Avareza
3. Inveja
4. Ira
5. Luxúria
6. Gula
7. Preguiça

Os mandamentos da Igreja

1. Participar da missa nos domingos e festas de guarda.
2. Confessar-se ao menos uma vez ao ano.
3. Comungar ao menos pela Páscoa da Ressurreição.
4. Jejuar e abster-se de carne, conforme manda a Igreja.
5. Contribuir com o dízimo.

Os sacramentos

1. Batismo
2. Crisma ou Confirmação
3. Eucaristia
4. Penitência ou Reconciliação
5. Ordem ou Sacerdócio
6. Matrimônio
7. Unção dos Enfermos

Virtudes Teologais

1. Fé
2. Esperança
3. Caridade

Virtudes Capitais

1. Humildade
2. Generosidade
3. Caridade
4. Paciência
5. Castidade
6. Temperança
7. Diligência

As obras de misericórdia corporais

1. Dar de comer a quem tem fome.
2. Dar de beber a quem tem sede.
3. Vestir os nus.
4. Dar pousada aos peregrinos.
5. Assistir aos enfermos.
6. Visitar os presos.
7. Enterrar os mortos.

As obras de misericórdia espirituais

1. Dar bom conselho.
2. Ensinar os ignorantes.
3. Corrigir os que erram.
4. Consolar os aflitos.
5. Perdoar as injúrias.
6. Sofrer com paciência as fraquezas do nosso próximo.
7. Rogar a Deus por vivos e defuntos.

O que são dias de preceito?

O terceiro mandamento da Lei de Deus nos diz: "Guardar os domingos e festas de guarda". Esses dias devem ser vividos como um valioso momento para celebrar o mistério pascal de Jesus. A Igreja, pelo seu calendário litúrgico, nos indica quais são os dias de preceito ou dias santos de guarda, para que os cristãos os dediquem especialmente a Deus.

De acordo com o Código de Direito Canônico (cân. 1247) "dias de festa", "dias de preceito", "festas de preceito" ou, como se diz, "dias santos de guarda" são dias em que "os fiéis têm obrigação de participar da santa missa e devem abster-se das atividades e negócios que impeçam o culto a ser prestado a Deus, a alegria própria do dia do Senhor e do devido descanso do corpo e da alma".

O domingo é o dia por excelência para a reunião da comunidade, para a escuta da Palavra e para celebrar a Eucaristia. O calendário litúrgico da Igreja é o mesmo no mundo inteiro, mas as autoridades eclesiásticas de cada país podem "mover" algumas datas de acordo com a realidade local, a fim de facilitar o cumprimento dos dias de preceito.

No Brasil, além do domingo, as festas de preceito são: Imaculada Conceição de Nossa Senhora (8 de dezembro), Natal do Senhor (25 de dezembro), Santa Maria, Mãe de Deus (1º de janeiro), Corpus Christi (quinta-feira após o domingo da Santíssima Trindade), Epifania – Dia de Reis – (6 de janeiro), São José (19 de março) e Ascenção de Jesus ao Céu (quinta-feira da sexta semana da Páscoa).

Outras solenidades passaram a ser celebradas aos domingos: São Pedro e São Paulo (29 de junho); Assunção de Nossa Senhora (15 de agosto); e dia de Todos os Santos (1º de novembro). As solenidades são constituídas pelos dias mais importantes, cuja celebração começa no dia anterior, com as primeiras vésperas. Algumas solenidades são enriquecidas com uma missa própria para a vigília.

Essas celebrações têm orações, leituras e cantos próprios ou retirados do comum. Várias datas de preceito na Igreja já coincidem com os domingos, como o Domingo de Ramos, o Domingo de Páscoa, o Domingo de Pentecostes e o Domingo da Santíssima Trindade.

REFERÊNCIAS

BÍBLIA SAGRADA. de Jerusalém. São Paulo: Paulus, 1981.

BÍBLIA do Peregrino. 3. ed. São Paulo: Paulus, 2017.

BÍBLIA SAGRADA. Tradução da CNBB. São Paulo: Loyola, 2001.

BÍBLIA SAGRADA. Tradução oficial da CNBB. 2. ed. Brasília: CNBB, 2019.

BÍBLIA SAGRADA. Tradução oficial da CNBB. Brasília: CNBB, 2018.

BÍBLIA. Nova Bíblia Pastoral. São Paulo: Paulus, 2014.

BECKHÄUSER, A. *O jeito franciscano de celebrar*: guia da celebração litúrgica franciscana. Petrópolis: Vozes, 2018.

BENTO XVI. *Exortação apostólica pós-sinodal Verbum Domini:* sobre a Palavra de Deus na vida e na missão da Igreja. São Paulo: Paulinas, 2010.

BRASIL. [Constituição Federal de 1988]. Constituição da República Federativa do Brasil, de 5 de outubro de 1988. *Diário Oficial da União, Brasília*, DF, Poder Legislativo, 5 out. 1988. Disponível em: https://www.planalto.gov.br/ccivil_03/constituicao/constituicao. htm. Acesso em: 27 fev. 2023.

BORTOLINI, J.; BAZAGLIA, P. *Como ler as Cartas de João*: quem ama nasceu de Deus e conhece a Deus. São Paulo: Paulus, 1990.

CALVO, E. *Dízimo, benção de Deus*. São Paulo: Paulinas, 2011.

CELAM – Conselho Episcopal Latino-Americano. *Documento de Aparecida*: texto conclusivo da V Conferência Geral do Episcopado Latino-Americano e do Caribe. São Paulo: Paulinas, 2007.

CNBB – Conferência Nacional dos Bispos do Brasil. *Catecismo da Igreja Católica*. Edição típica vaticana. São Paulo: Loyola, 2000.

CNBB – Conferência Nacional dos Bispos do Brasil. *E a Palavra habitou entre nós*. Brasília: Edições CNBB, 2021. (Estudo da CNBB n. 114).

CNBB – Conferência Nacional dos Bispos do Brasil. *Iniciação à vida cristã*: itinerário para formar discípulos missionários. Brasília: Edições CNBB, 2019. (Documentos da CNBB n. 107).

CNBB – Conferência Nacional dos Bispos do Brasil. *Cristãos leigos e leigas na Igreja e na sociedade*. Brasília: Edições CNBB, 2016. (Documentos da CNBB n. 105).

CNBB – Conferência Nacional dos Bispos do Brasil. *Dízimo na comunidade de fé*: orientações e propostas. Brasília: Edições CNBB, 2016. (Documentos da CNBB n. 106).

CNBB – Conferência Nacional dos Bispos do Brasil. *Comunidades de comunidades*: uma nova paróquia. Brasília: Edições CNBB, 2014. (Documentos da CNBB n. 100).

CNBB – Conferência Nacional dos Bispos do Brasil. Comissão Episcopal para os Ministérios Ordenados e a Vida Consagrada: discípulos missionários a serviço das vocações. In: III CONGRESSO VOCACIONAL DO BRASIL, 2010, Rio de Janeiro. *Anais* [...] Rio de Janeiro: CNBB, 2010.

CNBB – Conferência Nacional dos Bispos do Brasil. *Iniciação à vida cristã*: um processo de inspiração catecumenal. Brasília: Edições CNBB, 2009. (Estudos da CNBB n. 97).

CNBB – Conferência Nacional dos Bispos do Brasil. *Animação da vida litúrgica no Brasil*. São Paulo: Paulinas, 1989. (Documentos da CNBB n. 43).

FRANCISCO. *Ângelus*. 29 de março de 2020. Disponível em: https://www.vatican.va/content/francesco/pt/angelus/2020/documents/papa-francesco_angelus_20200329.html. Acesso em: 18 abr. 2023.

FRANCISCO. *Ângelus*. 22 de março de 2020. Disponível em: https://www.vatican.va/content/francesco/pt/angelus/2020/documents/papa-francesco_angelus_20200322.html. Acesso em: 18 abr. 2023.

FRANCISCO. *Audiência geral*. 5 de fevereiro de 2014. Disponível em: https://www.vatican.va/content/francesco/pt/audiences/2014/documents/papa-francesco_20140205_udienza-generale.html. Acesso em: 18 abr. 2023.

FRANCISCO. *Audiência geral*. 19 de junho de 2013a. Disponível em: https://www.vatican.va/content/francesco/pt/audiences/2013/documents/papa-francesco_20130619_udienza-generale.html. Acesso em: 18 abr. 2023.

FRANCISCO. *Carta encíclica Fratelli Tutti*: sobre a fraternidade e a amizade social. 2020. Disponível em: https://www.vatican.va/content/francesco/pt/encyclicals/documents/papa-francesco_20201003_enciclica-fratelli-tutti.html. Acesso em: 12 abr. 2023.

FRANCISCO. *Exortação apostólica Evangelii Gaudium*: sobre o anúncio do Evangelho no mundo atual. Brasília: Edições CNBB, 2013b.

FRANCISCO. *Exortação apostólica Gaudete et Exultate*: sobre o chamado à santidade no mundo atual. 2018. Disponível em: https://www.vatican.va/content/francesco/pt/apost_exhortations/documents/papa-francesco_esortazione-ap_20180319_gaudete-e-t-exsultate.html. Acesso em: 24 maio 2023.

FRANCISCO. *Exortação apostólica pós-sinodal Amoris Laetitia sobre o amor na família*. São Paulo: Paulinas, 2016.

FRANCISCO. *Exortação apostólica pós-sinodal Christus Vivit aos jovens e a todo o povo de Deus*. São Paulo: Paulinas, 2019.

FRANCISCO. *Papa: atenção com o consumismo; a generosidade alarga o coração*. 26 de novembro de 2018. Disponível em: https://www.vaticannews.va/pt/papa-francisco/missa-santa-marta/2018-11/papa-francisco-missa-santa-marta-consumismo.html. Acesso em: 18 abr. 2023.

FRANCISCO. *Juntamente com os jovens, levamos o Evangelho a todos*. 12 de outubro de 2018. Disponível em: https://www.vatican.va/content/francesco/pt/messages/missions/documents/papa-francesco_20180520_giornata-missionaria2018.html. Acesso em: 18 abr. 2023.

FRANCISCO. *Santa Missa e canonização dos beatos*: homilia do Papa Francisco. 15 de outubro de 2017. Disponível em: https://www.vatican.va/content/francesco/pt/homilies/2018/documents/papa-francesco_20181014_omelia-canonizzazione.html. Acesso em: 18 abr. 2023.

FRANCISCO. *Um grão de areia*. 6 de abril de 2017. Disponível em: https://www.vatican.va/content/francesco/pt/cotidie/2017/documents/papa-francesco-cotidie_20170406_um-grao-areia.html. Acesso em: 18 abr. 2023.

FRANCISCO. *Vigília de oração com os jovens*. 30 de julho de 2016. Disponível em: https://www.vatican.va/content/francesco/pt/speeches/2023/august/documents/20230805-portogallo-veglia-giovani.html | Francisco (vatican.va). Acesso em: 18 abr. 2023.

FUNDAÇÃO YOUCAT. *Catecismo jovem da Igreja Católica*. São Paulo: Paulus, 2011.

GUIMARÃES, M.; CARPANEDO, P. *Dia do Senhor*: guia para as celebrações das comunidades – Tempo comum – Ano A. São Paulo: Paulinas, 2001.

JOÃO PAULO II. *Carta encíclica Ecclesia de Eucharistia*: sobre a Eucaristia na sua relação com a Igreja. 17 de abril de 2003. Disponível em: https://www.vatican.va/content/john-paul-ii/pt/encyclicals/documents/hf_jp-ii_enc_20030417_eccl-de-euch.html. Acesso em: 18 abr. 2023.

JOÃO PAULO II. *Carta encíclica Evangelium Vitae*: sobre o valor e a inviolabilidade da vida humana. São Paulo: Paulus, 1995.

JOÃO PAULO II. *Exortação apostólica pós-sinodal Christifideles Laici*: sobre vocação e missão dos leigos na Igreja e no mundo. São Paulo: Loyola, 1989.

JOÃO PAULO II. *Exortação apostólica pós-sinodal Pastores Dabo Vobis*: sobre a formação dos sacerdotes. São Paulo: Paulinas, 1998.

MARQUES, M.; NAKANOSE, S.; DIETRICH, J. *Vida Pastoral*: Revista bimestral para sacerdotes e agentes de pastoral. São Paulo: Paulus, 2012.

MATEOS, J.; BARRETO, J. *O Evangelho de São João*. 3. ed. São Paulo: Paulinas, 2011.

MESTERS, C. *Curso de Bíblia*: Deus, onde estás? Belo Horizonte: Vega, 1971.

NUCAP – Núcleo de Catequese Paulinas. *Celebrações da Iniciação à Vida Cristã*, adultos, jovens e crianças. São Paulo: Paulinas, 2018.

OROFINO, F. *Martiria*: a espiritualidade do testemunho (Mateus 10,26-33). CEBI, 19 de junho de 2017. Disponível em: https://cebi.org.br/noticias/martiria-espiritualidade-do-testemunho-mateus-1026-33-francisco-orofino/. Acesso: em 18 abr. 2023.

PAGOLA, J. *O caminho aberto por Jesus*: Mateus – Ano A. Petrópolis: Vozes, 2013.

PAULO VI. *Exortação apostólica Evangelii Nuntiandi*: sobre a evangelização no mundo contemporâneo. São Paulo: Paulinas, 1976.

PAULO VI. *Exortação apostólica Marialis Cultus*: para a reta ordenação e desenvolvimento do culto à bem-aventurada Virgem Maria. 1974. Disponível em: https://www.vatican.va/content/paul-vi/pt/apost_exhortations/documents/hf_p-vi_exh_19740202_marialis-cultus.html. Acesso em: 13 abr. 2023.

PEREIRA, A. *As três mesas da missa*: os três serviços da comunidade. São Paulo: O Recado, 2011.

SAGRADA CONGREGAÇÃO PARA O CULTO DIVINO. *Missal dominical da assembleia cristã*. 4. ed. São Paulo: Paulus, 1995.

SECONDIN, B. *Leitura orante da Palavra*: *Lectio divina* na comunidade e na paróquia. 2. ed. São Paulo: Paulinas, 2010.

SÍNODO DOS BISPOS. *Documento final da XV Assembleia Ordinária do Sínodo dos Bispos*: os jovens, a fé e o discernimento vocacional. 2018. Disponível em: https://www.vatican.va/roman_curia/synod/documents/rc_synod_doc_20181027_doc-final-instrumentum-xvassemblea-giovani_po.html. Acesso em: 24 mai. 2023.

VIER, F. (org.). *Compêndio do Vaticano II*. Petrópolis: Vozes, 1968.